地域福祉源流の真実と防災福祉コミュニティ

浅間山「天明の大噴火」被災地復興の教訓

川村匡由

大学教育出版

はじめに

日本の地域福祉の源流は、イギリスで19世紀に取り組まれた慈善組織化運動やセツルメント運動、また、この影響を受けたアメリカでの社会事業家によるケースワークやグループワーク、コミュニティオーガニゼーションを参考に、明治期、宗教家や社会事業家、政治家、篤志家などによる慈善事業やセツルメント運動、社会事業を嚆矢《こうし》とすることが定説だが、実はこれよりも前の江戸時代、浅間山（標高2568メートル）の「天明の大噴火」の際の藩および幕府の公助、被災地の生存者個人の自助や家族・領民の互助、近隣の名主の共助こそ地域福祉源流の真実である。

なぜ、これらの公助、自助、互助、共助が地域福祉源流の真実か。それというのも、筆者がこの約30年間、現存する文献や史料、史跡、生存者など関係者の子孫および現地を調査した結果、確認できたからである。

折しも1995（平成7）年に阪神・淡路大震災（兵庫県南部地震）、2011（平成23）年に東日本大震災（東北地方太平洋沖地震）、2014（平成26）年に御嶽山《おんたけさん》（同3067メートル）噴火、さらには2016（平成28）年に熊本地震と続発しているなか、向こう30年以内にマグニチュード8～9クラスの首都直下地震および東海、東南海、南海トラフ巨大地震の可能性が

70%、また、富士山（同3776メートル）もこれに誘発され、大噴火するおそれがあるといわれている。

そこで、本書はこの浅間山「天明の大噴火」被災地復興を教訓に、公助をベースとしながらも、自助、互助、共助からなるベストミックスの地域福祉による防災福祉コミュニティの形成の必要性を提言するものである。

なお、本調査研究に際し、生存者を救済した近隣の名主の子孫、群馬県嬬恋《つまごい》村大笹の黒岩タキさんや生存者の子孫でつくる鎌原《かんばら》観音堂奉仕会のみなさん、同村鎌原の山﨑幸蔵区長、嬬恋郷土資料館ガイドボランティア会の宮﨑光男会長、佐藤鈴江・同村議員をはじめ、群馬県嬬恋村、さらに本書の編集の労をとっていただいた大学教育出版社長の佐藤守、編集部の社《やしろ》彩香両氏に対し、貴重な紙面をお借りして深く感謝したい。

また、「天明の大噴火」以来、約230年経った今も地下に埋没した住家とともに、地下に眠る犠牲者の御霊に対し、衷心より哀悼の意を表したい。

2016（平成28）年初夏

川村　匡由

地域福祉源流の真実と防災福祉コミュニティ

――浅間山「天明の大噴火」被災地復興の教訓――

目次

第1章 地域福祉とその源流探究への視点

1 地域福祉の概念

地域福祉の源流を探るために必要な視点を考える前に、そもそも地域福祉の概念とは何か、今一度整理してみると、まず岡村重夫は、第二次世界大戦（アジア太平洋戦争）後の20世紀後半、イギリスにおける慈善事業やセツルメント運動などの社会事業、コミュニティケア、また、その後のアメリカにおけるコミュニティオーガニゼーションなど欧米のソーシャルワークに注目し、地域組織化、福祉組織化、予防的福祉の三つからなる地域社会福祉とした(1)。

また、阿部志郎は地域の公私の機関が協同し、各種社会福祉施策・施設などの資源を動員することによって地域のニーズを充足させ、かつ住民参加による社会福祉活動を組織し、当該地域の福祉を実現していく努力の体系とした(2)。また、右田紀久恵は住民が地域における生活問題を生活原則・権利原則・住民主体の原則に立脚して軽減・除去、または発生を防止し、主体的生活全般にかかる水準を保障し、より高めるための社会的施策と方法の総体などとした(3)。

一方、大橋謙策は福祉教育により住民の主体形成に努める参加型・住民主体型地域福祉(4)とするとともに、1990(平成2)年の老人福祉法等社会福祉八法の改正、および2000(平成12)年の社会福祉事業法の改正・改称による社会福祉法の施行に伴い、地域福祉は計画的に推進する時代を迎えたため、地域福祉計画および地域福祉活動計画の策定による地域福祉の計画的な推進、およびその際、小地域ごとにコミュニティソーシャルワーカー(CSW)を配置し、よりきめ細かい小地域福祉活動に取り組むことの重要性を説いている(5)。

これに対し、筆者は地域福祉は国民・住民が日本国憲法の三大原則である国民主権、基本的人権の尊重、平和主義を踏まえ、だれでも住み慣れた地域でいつまでも健康で文化的な最低限度の生活が保障されるべき政府および自治体の社会保障的義務のもと、国民・住民が市民自治および主権にもとづき、公私協働により、日々の安全・安心を確保すべき制度・政策および事業・活動ととらえる。また、その場合、国民・住民は単なる当該地域の住民として、政府および自治体に対し、そのために必要な制度・政策を求める客体だけでなく、事業・活動に参加する主体でもある。

そして、このような国民・住民個人の自立と連帯により、人口規模に応じ、中学校通学区域や小学校通学区域、さらには町内会や自治会などを小地域とし、かつコミュニティソーシャルワーカーを配置し、自治・分権・共生を通じ、岡村がいう一般コミュニティから福祉コミュニティへと止揚し、単なる市民社会から市民福祉社会の構築と考える（図表1―1）。

その意味で、住民は当該地域に居住する住民だけでなく、当該地域に通勤・通学など、何らかの生活場面で関わる擬似構成員であり、擬似生活者の国民も当該地域のコミュニティを形成する住民である。右田の地域福祉の概念、および奥田道大やマッキーバーのコミュニティ論の提起もそこにある(6)。

ただし、大橋も指摘しているように、上述した老人福祉法等社会福祉八法の改正に伴い、措置権の都道府県から市町村への移譲をはじめ、施設福祉から在宅福祉へ、また、社会福祉事業法の改正・改称による社会福祉法および介護保険法の施行による措置制度から契約制度への転換(7)により、地域福祉は市町村(8)が中心となって計画的に推進すべくむね法定化された。このため、市町村は市町村社会福祉協議会（社協）と連携し、地域福祉計画を策定する一方、都道府県も所轄する市町村の地域福祉を支援すべく、地域福祉支援計画を策定することになり、地域福祉計画の時代を迎えたことは間違いない。

しかし、だからといって、すべての市町村が地域福祉計画を策定、市町村社協と連携し、地域福祉を計画的に推進しているわけではない(9)。それというのも、市町村の地域福祉計画の策定

図表1－1　地域福祉の概念

	理念	方法	目標
岡村重夫	地域社会福祉 福祉コミュニティの形成	地域組織力・福祉組織化・予防的福祉	制度・制作の改革
井岡　勉	地域生活課題の社会的対策	福祉運動	社会保障・労働政策・地域生活改善
右田紀久惠	自治型地域福祉（あらたな公共）	住民運動・地域福祉計画・地域組織化	生活権の補償・社会的自己実現
真田　是	地域福祉政策の拡充	福祉運動	社会変革
阿部志郎	ボランティア活動	公私協同	社会変革
永田幹夫	在宅福祉型地域福祉	資源調整・環境改善・地域組織化	個人・家族の自立
三浦文夫	社会福祉経営論	ニード論・制作経営	政策の開発・経営
大橋謙策	参加型・住民主体型地域福祉	福祉教育・コミュニティソーシャルワーク	住民の主体形成
京極高宣	在宅福祉・ケア・施設サービス	啓蒙教育・環境整備・組織化・計画化	
野口定久	コミュニティのQOL	参加・主体化・コミュニティ資源の活用と開発	市民社会の形成
川村匡由	市民自治・主権＋公私協働	自治・分権・共生＋制度・政策・事業・活動（地域福祉計画）	市民福祉社会の構築

出典：拙著『地域福祉とソーシャルガバナンス』中央法規出版、2007年、p.23を一部改変。

は法定義務ではなく、あくまでも努力義務にとどまっているため、「財源や人材の確保」を理由に地域福祉を計画的に推進しているとはいいがたいからである。

また、1987（昭和62）年に国家資格化された社会福祉士などをコミュニティソーシャルワーカーとして配置しているところも47都道府県社協、および20政令指定都市社協の51・1％しかない。しかも、そのために必要な研修をしているところは東京都社協などまだ一部にすぎず、かつその概念や役割、資格要件などの理解が必ずしも十分とはいえず、かつその配置も兼任のところが多いのが実態である(10)。

そこで、筆者は、従来、ややもすれば当該地域の課題の解決のため、政府および自治体の公助をベースとしながらも、国民・住民個人の自助や家族・国民・住民の互助、ボランティアやNPO法人、企業など民間事業者の共助(11)も併せた市民自治・主権および公私協働、さらには自治・分権・共生により一般的な福祉社会から市民福祉社会へと昇華し、その構築をめざすべく、政府および自治体の公助、すなわち、制度・政策を基本としながらも、国民・住民個人の自助や家族・国民・住民の互助、ボランティアやNPO法人、企業など民間事業者の共助による事業・活動からなるベストミックスによる地域福祉の計画的な推進をその概念とすべきだと考える（図表1―2）。

なお、住民とは市町村に住民票を有する者をいい、ややもすると政府および自治体の公助に依

図表1−2　ベストミックスの地域福祉

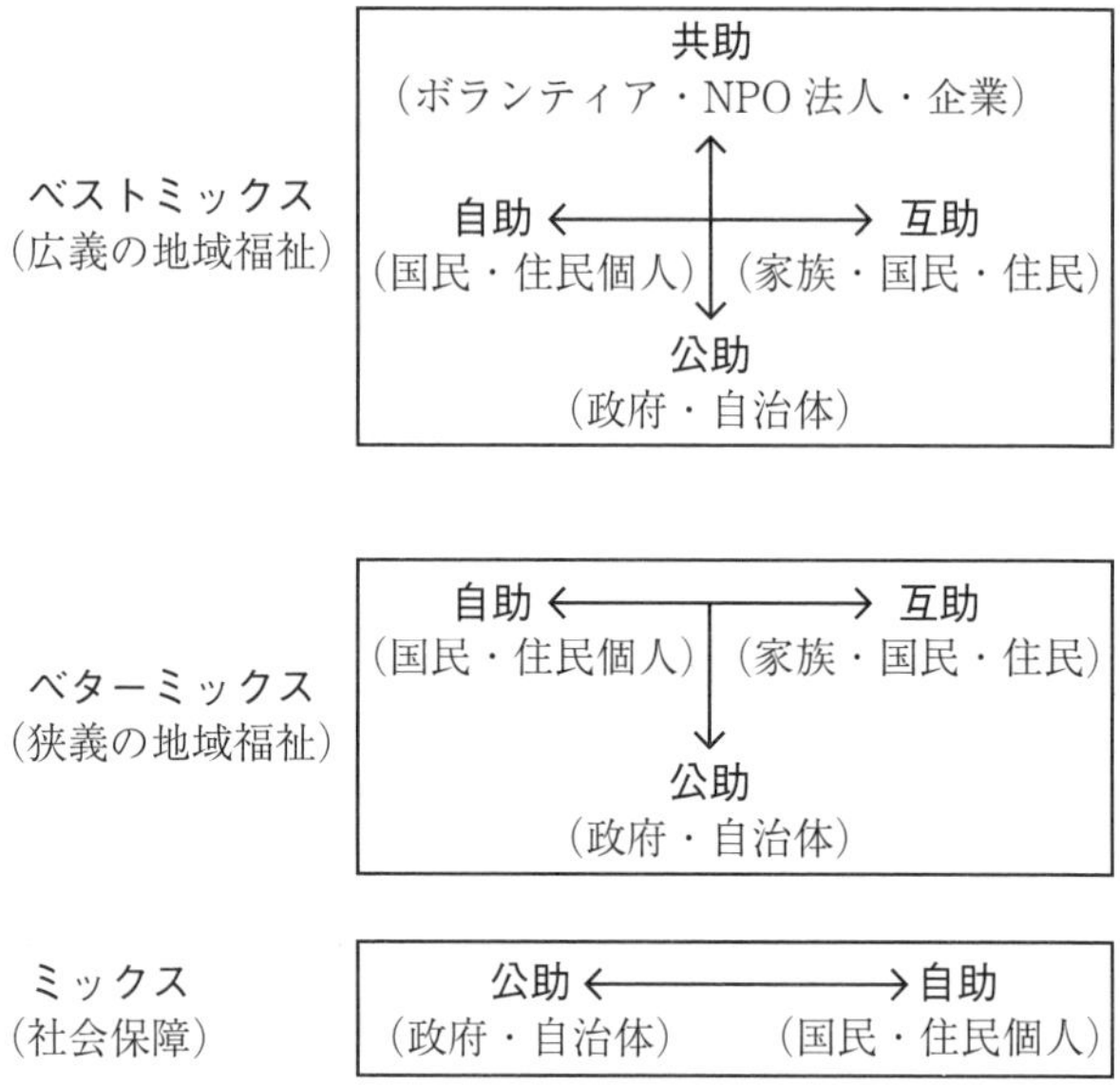

（注）地域福祉は社会福祉の地域化。
出典：筆者作成。

存し、不満があれば政府および自治体に必要以上の公助を要求し、その状況によっては対立するイメージがつきがちだが、国民・住民はその一方で行政にも参加し、かつ協働して当該地域における福祉の課題をともに解決し、市民福祉社会を構築していくべき当該地域の構成員でもある。このため、従来の住民を超え、市民と位置づけている筆者にすれば、住民自治というよりも市民自治として考えることを再度述べておきたい(12)。

2　今、なぜ、地域福祉の計画的推進か

(1) 地域福祉の沿革

それにしても、政府は、なぜ、昭和20年代以降、取り組んできた施設福祉を在宅福祉、さらには地域福祉に止揚し、かつ市町村を中心とした地域福祉として計画に推進すべきむね、社会福祉法のなかで法定化したのであろうか。

周知のように、全国社会福祉協議会（全社協）は１９４９（昭和24）年、ＧＨＱ（連合国軍総司令部）より政府に出された「社会福祉活動に関する協議会」の設置に関する指導を受け、１９５１（昭和26）年に制定された社会福祉事業法の制定にもとづき、全国組織として設置され、その後、47都道府県に都道府県社協、市町村に市町村社協が順次設けられた。

なかでも、市町村社協は、上述した阿部らの地域福祉の概念に関わる議論を全社協が受け止め、都道府県社協を通じた指導、および市町村の補助金や職員の出向、住民有志の会費を財源にした活動のもと、国民・住民が住み慣れた地域でいつまでも健康で安全・安心な生活を確保すべく、地域福祉活動計画(13)を策定し、国民・住民個人の自助や家族・住民の互助によるさまざまな事業・活動に取り組んできた。

とりわけ、注目されるのは市町村社協が各市町村に順次設立し、在宅福祉サービスが市町村より委託されたほか、1983（昭和58）年の社会福祉事業法にもとづいて社会福祉法人化され、住民参加によってボラントピア事業に取り組んだことである。また、老人福祉法等社会福祉八法改正に伴い、市町村社協が在宅福祉および地域福祉の実施主体とされ、当該地域に地域福祉センターを設置し、従来の市町村からの事業の委託型社協から事業型社協に脱皮し、「ふくしのまちづくり」の推進を本格化させ、今日の地域福祉計画時代の基礎を築いたことである。

(2) 少子高齢および人口減少社会下の地域福祉

しかし、国全体を見渡すと、昭和30〜50年代前半の高度経済成長期、新幹線や東名・名神・首都各高速道路、空港、港湾など、東京、大阪、名古屋の三大都市圏を中心とした土建型公共事業に伴う歳出の肥大に伴い、2015（平成27）年度末現在、約1035兆円とGDP（国民総生産）の205%に相当する長期債務残高を抱え(14)、瀕死《ひんし》の状態となった。しかも、このような国家財政を健全化すべき税源は1973（昭和48）年の石油ショックに伴う景気低迷やその後のバブル崩壊、さらにはリーマンショックや経済のグローバル化、円安・円高デフレ不況によって不足するばかりか、少子高齢化による社会保障費の増大や人口の減少傾向が加わり、立ちゆかなくなった。

そこで、政府はこのような瀕死の国家財政を健全化すべく、老人福祉法等社会福祉八法の改正により、措置権の都道府県から市町村への移譲や施設福祉から在宅福祉、さらには地域福祉への移行、１９９５（平成７）年の阪神・淡路大震災を機にボランティアの啓発、また、１９９８（平成10）年、特定非営利活動法人法（ＮＰＯ法）を施行し、ＮＰＯ法人や企業など民間事業者の参入により、福祉サービスの民営化を図った。このほか、上述したように、２０００（平成12）年の社会福祉事業法の改正・改称による社会福祉法[15]および介護保険法の施行により、市町村を中心に国民・住民個人の自助や家族・国民・住民の互助、およびボランティアやＮＰＯ法人、企業など民間事業者の共助により、地域福祉の計画的な推進を法定化するむね法改正した。

しかし、その実態は１９７３（昭和48）年の石油危機に端を発した政府の行財政改革の一環であるとはいえ、日本は明治維新以来、先進国のなかでフランスとともに集権型行財政システム、すなわち、集権国家のままである。加えて、いまだに政府の指導待ちの自治体、また、行政依存の国民・住民が多くみられるなか、政府が地域福祉の計画的な推進に関わる法改正を行わなければ自治体も国民・住民も動かない、という中央依存の体質も否めない。このため、このような政府による相次ぐ法改正や新法の制定により、市町村を中心とした地域福祉の計画的な推進もやむを得ない、という一面も否めない。

ただし、このような市町村を中心とした地域福祉の計画的な推進は国民・住民個人の自助や家族・国民・住民の互助、およびボランティア、NPO法人や企業など民間事業者の共助(16)という美名のもと、日本国憲法第25条第1項に定める国民の生存権の保障(17)、および同条第2項の国の社会保障的義務(18)に関わる政府および自治体の責任を国民・住民に転嫁し(19)、公助を抑制、または棚上げしようとする狭義の地域福祉という点には十分注意すべきである。

したがって、地域福祉は本来、政府および自治体の公助をベースにしながらも、国民・住民個人の自助や家族・国民・住民の互助、さらにはボランティアやNPO法人、企業など民間事業者の共助からなる広義の地域福祉がそのベストミックスというべきである(前出・図表1—2)。

(3) 福祉のパラダイムと地域福祉

そこで、この国民・住民個人の自助や家族・国民・住民の互助、さらにはボランティア、NPO法人や企業など民間事業者の共助からなる広義の地域福祉のベストミックスに関連し、国民・住民の福祉ニーズとサービスの提供主体の関係を整理すると、まず国民・住民の福祉ニーズはその生存権の保障、および国の社会保障的義務に関わる基礎的ニーズ、また、これを上回るニーズは付加的ニーズで、この基礎的ニーズに応じたナショナルミニマムに対するサービスは政府レベル、ローカルミニマムに対するサービスは都道府県レベル、コミュニティミニマムに対するサービスは市町村レベルであるため、いずれも公助と位置づけられる。これに対し、付加的ニーズに対応するナショナルオプティマム、ローカルオプティマム、コミュニティオプティマムおよびナショナルマキシマム、ローカルマキシマム、コミュニティマキシマムに対するサービスは国民・住民個人の自助、家族・国民・住民の互助、およびボランティアやＮＰＯ法人、企業など民間事業者の共助によるものである。

したがって、共助とは当該地域の国民・住民の地域福祉に関わる事業・活動ではなく、あくまでも第三者の取り組みで、当該地域の国民・住民個人の地域福祉に関わる自助や家族・住民の互助としての事業・活動とは異なり、切り分ける必要がある。

一方、これらのサービスの提供主体と公助、共助、互助、自助の関係は政府および自治体の行政サービスを第一セクター、企業など民間事業者の民間営利サービスを第二セクター、政府や自治体、およびＮＰＯ法人、企業など民間事業者の官民連携サービスを第三セクター、社協やＮＰＯ法人、ボランティアなどの民間非営利サービスを第四セクター、政府および自治体と社協やＮＰＯ法人、ボランティアなどの民間非営利サービスを第五セクター、これらの官民一体のサービスを連合セクターの計六つの方式となる（図表1―3）。

したがって、２００３（平成15）年の地方自治法の一部改正・施行により、公の施設、すなわち、公立の特別養護老人ホームや障害者支援施設、児童養護施設、保育所などの社会福祉施設をはじめ、体育館やスポーツセンター、都市公園、文化施設などの管理は従来の管理委託から指定

図表1−3　福祉ニーズとナショナルミニマム等との関係

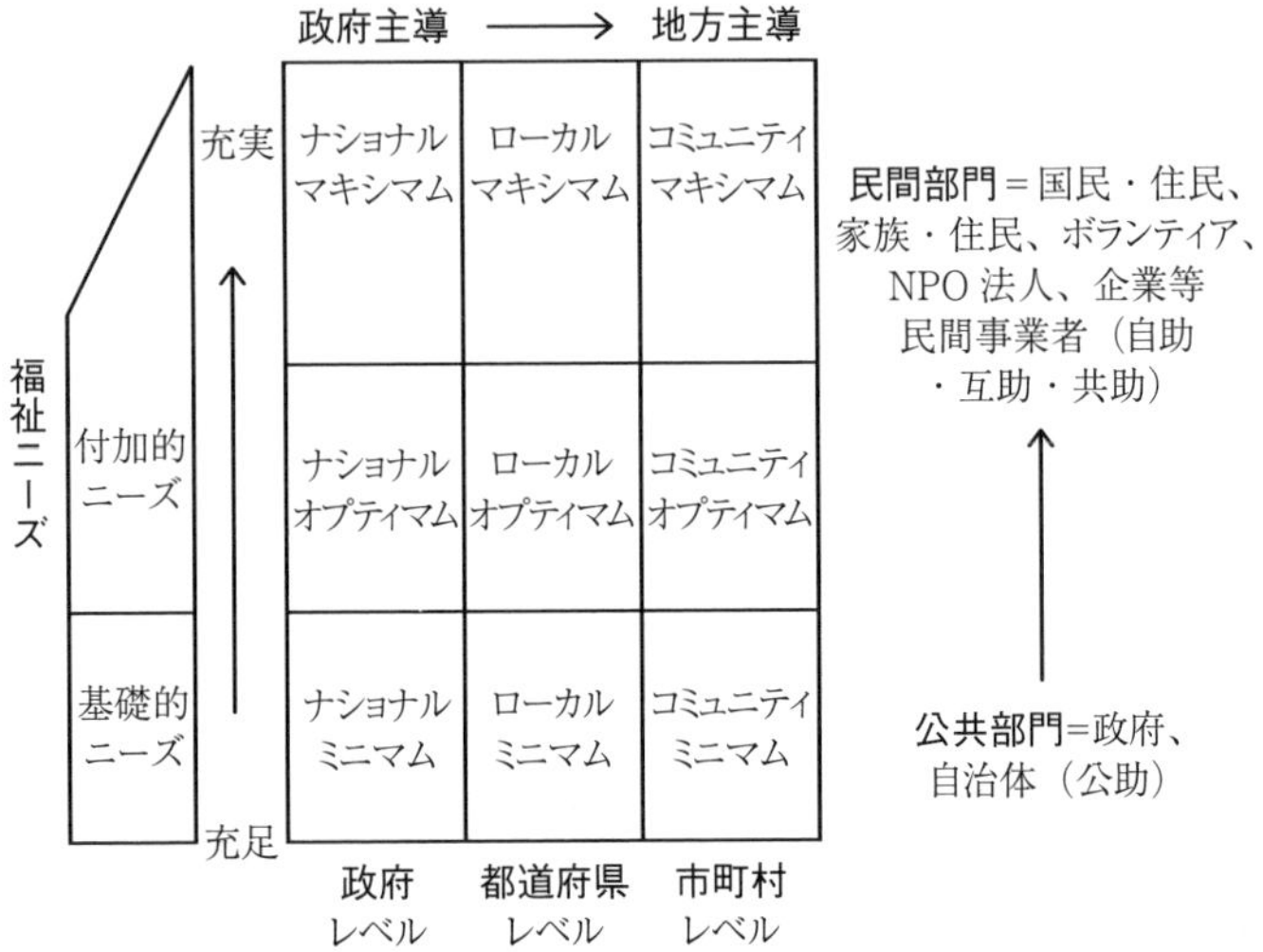

出典：前出『地域福祉とソーシャルガバナンス』p.18を一部修正。

管理者制度[20]にもとづく第五セクターとなる（図表1―4）。

（4）地域福祉とソーシャルガバナンス

いずれにしても、このように国民・住民の福祉ニーズが基礎的ニーズから付加的ニーズへとレベルアップするにつれ、国民・住民の福祉のニーズは充足から充実へ、また、サービスの提供主体が政府レベルから都道府県レベル、さらには市町村レベルへと向かうにつれ、地方分権化、さらには集権国家から分権国家へと転換することが期待される。その意味で、地域福祉は国民・住民個人の自助や家族・国民・住民の互助、およびボランティア、ＮＰＯ法

図表1-4　福祉のパラダイム

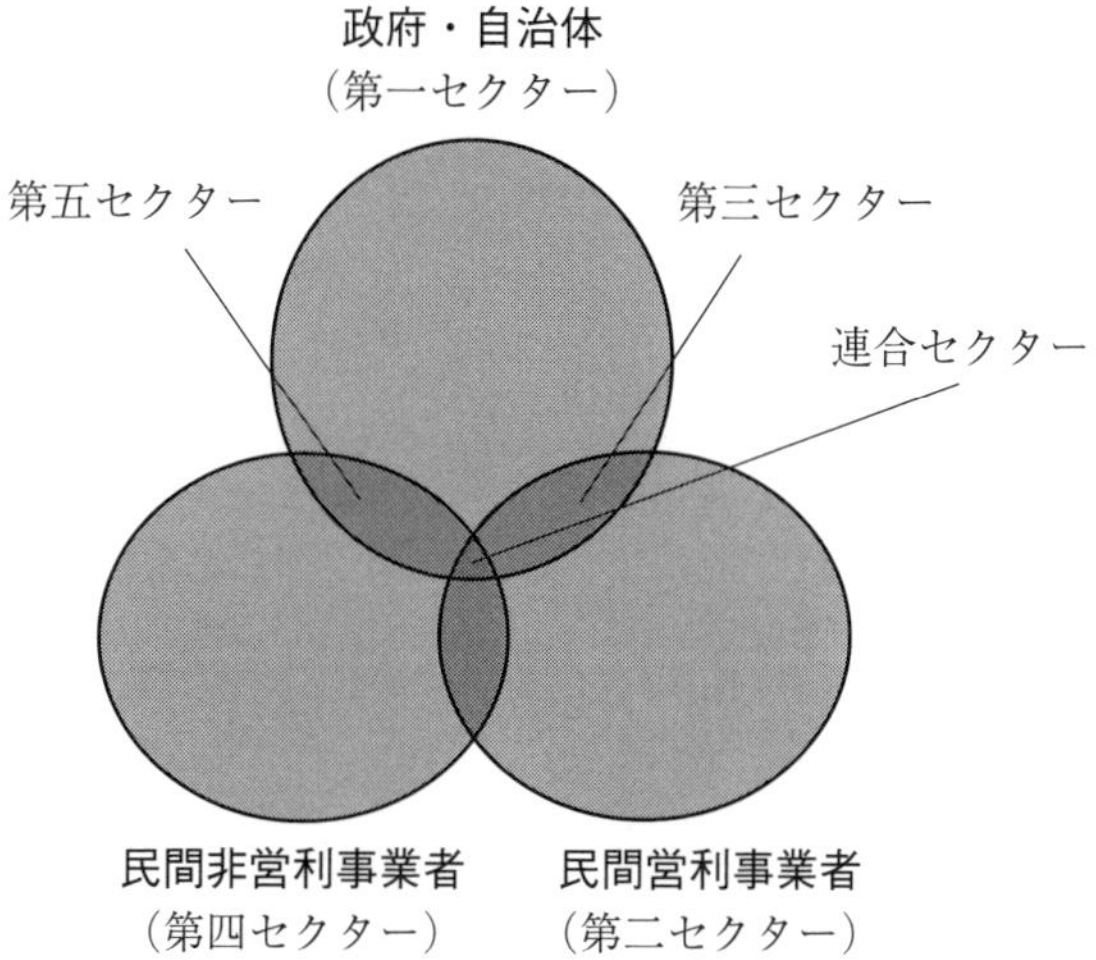

出典：前出『地域福祉とソーシャルガバナンス』p.100を修正。

人や企業など民間事業者の共助により、当該地域における住民の福祉ニーズを充足し、さらに充実を図ることにある。このため、地域福祉は究極的には市民自治・主権にもとづく公私協働、すなわち、自治・分権・共生により、現行の集権国家を分権国家に転換し、だれもが住み慣れた地域でいつまでも健康で安全・安心な生活を確保するために必要な制度・政策および事業・活動の総体であることがわかる。

それだけに、政府によって法定化された市町村を中心とした地域福祉の計画的な推進は、本来、国民・住民個人の自助や家族・住民の互助、およびボランティア、ＮＰＯ法人や企業など民間事業者の共助による事業・活動が基本でありながら、政府および自治体の公助による制度・政策の総体であるという意味で、地域福祉の概念を根底から揺るがすものであるとともに、地方自治の本旨に抵触するおそれもある。なぜなら、すべての国民・住民が日本国憲法の三大原則の一つとして定められた国民主権の主体(21)として、政府が国民の生存権を保障すべき社会保障および社会福祉などの制度・政策としての公助が基底となっていることはいうまでもないからである(22)。

その意味で、政府の思惑により、地域福祉が国民・住民個人の自助や家族・国民・住民の互助、ボランティアやNPO法人、企業など民間事業者の共助に委ねる社会福祉法の施行により、市町村が中心となって地域福祉を計画的に推進すべきむね法定化したことは、土建型公共事業の支出の肥大や少子高齢化、人口減少に伴う社会保障費の増大、および石油ショックやバブル崩壊、リーマンショック、経済のグローバル化に伴う円高・円安デフレ不況による税源の不足により、瀕死の状態にある国家財政を健全化すべく、行財政改革の一環としての〝社会福祉の地域化〟という側面があるため、責任転嫁といわざるを得ない。地域福祉におけるソーシャルガバナンスの意義も実はそこにある。

ちなみに、ソーシャルガバナンスとは政府による国民・住民に対する国家統治としてのソーシャルガバメントに対し、政府と国民・住民との合意形成にもとづく国民協治を意味する(23)。言い換えれば、地域福祉は市民自治・主権にもとづく公私協働、すなわち、自治・分権・共生により、現行の集権国家を分権国家に転換し、高齢者や障害者、児童、妊婦、生活保護世帯、ホームレス（路上生活者）などのいわゆる社会的、経済的弱者だけでなく、すべての国民・住民がノーマライゼーションの理念にもとづき、ソーシャルインクルージョンによって相互に社会的に包摂され、だれでも住み慣れた地域でいつまでも健康で安全・安心な生活を確保すべく、地域福祉を計画的に推進し、市民福祉社会を構築するため、国民・住民の福祉ニーズを充足し、かつ充実すべくサービスの総体である。それはまた、右田が自治型地域福祉と提唱しているように、地域福祉は地方自治、とりわけ、住民自治との関連がきわめて強いため、日本国憲法第92条に規定する地方自治の本旨(24)に関わる概念でもある。

(5) 地域福祉の推進法

一方、地域とは地方自治法によれば都道府県や市町村の行政区域を意味する。また、人文地理学的には地方や地帯、圏、地区、字、あるいは工業地帯や商業地域、住宅地域等の都市や農山漁村地域などの中山間地域や離島、過疎地域などに類型化することができる。

そこで、政府は地域福祉の計画的な推進にあたり、中学校通学区域を単位とした在宅福祉、また、全社協は小学校通学区域を単位とした小地域福祉活動を核とした地域福祉の計画的な推進を市町村や市町村社協に対し、それぞれ指導しているが、「明治の大合併」(25)に伴い、幕末までに約7万あった〝自然村〟としての藩政村、すなわち、字は「昭和の大合併」(26)および「平成の大合併」(27)により、約1700の〝行政村〟としての市町村として縮減される一方、東京、大阪、名古屋の三大都市圏、さらに、近年、東京一極集中の加速化により、都市部も地方も国民・住民の自治意識は脆弱《ぜいじゃく》になるばかりである。それだけに、地域福祉の計画的な推進にあたってはこのような地域特性にも十分考慮する必要がある。

なお、上述したように、公助や自助、互助の概念は、江戸時代、米沢藩主の上杉鷹山《ようざん》が先代藩主の放漫な藩政によって領地の返上に窮したため、藩士や領民へ倹約の奨励など領民個人の自助や家族・領民の互助、および藩の扶助からなる「三助」を定め、藩政を再生したが、この藩の扶助は今日の公助と同じ概念である。もっとも、他の領民や名主の共助は当時、幕府によって各藩の自治権が認められていたこともあったため、基本的には皆無だった。

ともあれ、この上杉による「三助論」は近年、新自由主義を掲げる政府や財界がこれにあやかり、地域福祉や介護保険法における地域包括ケアシステム、災害対策などの推進にあたり、国民・住民個人の自助や家族・国民・住民の互助、ボランティアやNPO法人、企業など民間事業者の共助の必要性、さらには福祉サービスの民営化を前面に押し出し、その制度・政策上の責任を国民・住民の自己管理や自己責任にすり替え、社会保障および社会福祉など制度・政策における政府および自治体の公助、および民間事業者、とりわけ、企業の共助、すなわち、その社会的使命による社会貢献活動の役割を脆弱化させていることに注意が必要である(28)。

3　地域福祉源流の探究への視点

上述したように、地域福祉は、政府および自治体による国民の生存権の保障および社会保障的義務、すなわち、社会保障や雇用政策などの制度・政策としての公助をベースとしながらも、基本的には国民・住民個人の自助や家族・国民・住民の互助、およびボランティア、NPO法人や企業など民間事業者の共助からなる総体である。このため、その概念はこの公助、自助、互助、共助からなるベストミックスの地域福祉を基調としながらも、基本的には公助をベースとしつつ、国民・住民の自主的、自発的な意思にもとづく個人の自助や家族・住民の互助、およびボランティアやNPO法人、企業など民間事業者の共助によるベストミックスの地域福祉により、計画的に推進すべきである。

したがって、地域福祉の源流を探る場合、現在、定説とされている知見を踏まえながらも、しかし、上述した定説の当否を常に検証するとともに、近代国家が成立していないため、社会保障や雇用政策などによる公助などあり得ない近世から中世、さらには古代にまでさかのぼり、国民・住民個人の自助や家族・住民の互助、さらにはボランティアや企業など民間事業者の共助としての地域福祉があったのかどうか、また、そのような事業・活動の事実が源流の真実であるのかどうかなどを判断するには、当時の文献や史料、史跡、また、先行研究による知見、さらには縁者など関係者に対するインタビューを通じ、検証することが求められる。もっとも、そのためには当然のことながら、日本はもとより、海外における調査も伴うため、膨大な研究活動が必要であることはいうまでもない。

ともあれ、すべての研究実践についていえるように、過去の事実や史料、史跡、先行研究による知見などに対する不断にわたる検証を行い、その事実が真実であるのかどうか、検証なくして現在はない。また、現在の問題や課題を抽出し、その解決策を提起するには過去の事実や史料、史跡、先行研究による知見に対し、それが真実であるのかどうか、検証し、かつ真実であればそれを教訓として学び、現在に生かさなくては未来を展望した持続可能な発展はない。そこに歴史を学ぶ意義がある。それは社会保障および社会福祉の研究においても同様で、社会福祉発達史、あるいは社会事業史といった研究領域があるのもこのような事情による。

したがって、今日まで地域福祉の源流とされる定説に対し、過去の事実や史料、史跡、先行研究による知見を検証し、それが真実でないと判明すれば異議を唱え、新説を披露することはきわめて意義深い。本書で取り扱う地域福祉の源流に対する言及の視点もそこにある。

【注】

(1) 岡村重夫『地域福祉論』光生館、1974年。
(2) 阿部志郎・右田紀久惠・三浦文夫・永田幹夫編『地域福祉教室』有斐閣、1977年。
(3) 住谷磬・右田紀久惠編『現代の地域福祉』法律文化社、1973年、岡村重夫「社会福祉概念の私的変遷」仲村優一・岡村重夫・阿部志郎・三浦文夫・柴田善守・嶋田啓一郎編著『現代社会福祉事典』全国社会福祉協議会、1998年、p.4~5。
(4) 大橋謙策『地域福祉の展開と福祉教育』全社協、1986年。
(5) 大橋謙策『地域福祉の新たな展開とコミュニティソーシャルワーク』社会保険研究所、2010年。
(6) 前出『地域福祉とソーシャルガバナンス』p.2-23を一部修正。
(7) 介護保険法第3条および社会福祉法第107~111条。
(8) 市のなかに東京・特別区および政令指定都市の区を含む。以下、同様。
(9) 厚生労働省の調査によると、2014(平成26)年3月31日現在、1742市町村のうち、地域福祉計画を策定しているのは1149市町村と全体の66・0%にとどまっている。
(10) 野村総合研究所「コミュニティソーシャルワーカー(地域福祉コーディネーター)調査研究事業報告書」2013年。
(11) 近年、本来、当該地域の家族・国民・住民の互助に対し、共助なる用語を使って混乱を招いている向きが散見される。一定の要件を満たす国民は社会保険の保険料を財源として納めることになっている仕組みに対し、共助としているのはそのきわみだが、社会保険は政府による公助ととらえるべきで、社会福祉や地域福祉における共助とは異なる。

（12）前出『地域福祉とソーシャルガバナンス』p.11-14。
（13）当時は地域福祉としていたが、社会福祉法によって市町村に対する地域福祉計画の策定が努力義務となったため、同計画と棲《す》み分けるべく、その時点から市町村社協の地域福祉計画は地域福祉活動計画と改称され、現在に至っている。
（14）財務省ＨＰ「日本の財政を考える」２０１７年。もっとも、新聞各紙の報道によると、政府の国有財産など保有財産は約７８０兆円、大企業の内部留保は約３００兆円もあるため、これらの売却など有効活用や大企業の法人税の引き上げなどにより国家財政は健全化も可能で、社会保障や雇用政策の充実などを主とした行財政改革は可能とする指摘もある。
（15）介護保険法第３条および社会福祉法第１０７～１１１条。
（16）近年、政府および自治体は家族や国民・住民の互助とボランティア、ＮＰＯ法人や企業など民間事業者の共助を包含し、共助としているが、これは上杉鷹山の「三助論」を無視した概念。
（17）日本国憲法第25条第1項「すべて国民は、健康で文化的な最低限度の生活を営む権利を有する。」。
（18）日本国憲法第92条「地方公共団体の組織及び運営に関する事項は、地方自治の本旨に基いて、法律でこれを定める。」。
（19）この場合の国の社会保障的義務には自治体も含まれると解されているが、基本的な責任はやはり政府にある。
（20）小泉政権下の２００３（平成15）年、地方自治法の一部改正に伴い、自治体などが運営している公の施設の管理・運営を社会福祉法人や財団法人、ボランティアやＮＰＯ法人、企業など民間事業者を指定管理者とする制度。この結果、一般的には利用時間の延長などサービスや利用者の利便性の向上、運営費の削減などが期待できるが、自治体の幹部職員の天下り先の外郭団体などへの指定管理としており、行財政改革の隠れ蓑《みの》になる懸念もある。

(21) 日本国憲法前文。なお、三大原則は国民主権、基本的人権の尊重、平和主義の三つ。

(22) 筆者を代表とする福祉デザイン研究所が2013～2015（平成25～27）年度、日本最大の高齢者福祉団体、NPO法人ニッポン・アクティブライフ・クラブ（NALK：ナルク、本部・大阪市）の80歳代の会員1000人を対象に行ったアンケート調査の結果、その中心的な役割を担っているのは大企業や有名企業を退職し、月額30万円以上受給の年金生活者が大半だった。くわしくは同研究所「80歳代高齢者の生きがいの持続的促進とその社会的対応」報告書（公益財団法人みずほ教育福祉財団研究助成事業）、2016年。

(23) くわしくは前出『地域福祉とソーシャルガバナンス』を参照。

(24) 日本国憲法第92条「地方公共団体の組織及び運営に関する事項は、地方自治の本旨に基いて、法律でこれを定める」。

(25) 1889（明治22）年、近代国家を建設すべく市制町村制を施行し、約7万あった藩政村を同1万6000の市町村に再編した。

(26) 1953（昭和28）年の町村合併促進法、および1956（昭和31）年の新市町村建設促進法の施行により、さらに約3200に縮減した。

(27) 1995（平成7）年の地方分権一括法改正による「市町村の合併の特例等に関する法律（合併特例法）」にもとづき、それまで約3200あった市町村を2016（平成28）年3月現在、1718に縮減した。くわしくは拙編著『市町村合併と地域福祉』ミネルヴァ書房、2007年を参照。

（28）その証拠に、１９９０年代初頭のバブル期、日本経済団体連合会（経団連）は企業のコーポレートシチズンシップによるフィランソロピーの必要性を提唱し、大企業のなかには企業市民としてさまざまな社会貢献活動に取り組んだが、バブル崩壊後、にわかに下火となり、その後、経済のグローバル化を理由に産業の基盤を人件費の安い東アジアに移し、産業の空洞化をもたらしている。

第2章 従来の地域福祉の源流

1 海外の場合

(1) 古代から近代まで

第1章で地域福祉の概念について整理したため、第2章では社会保障および社会福祉、さらには雇用政策などに関わる政府の制度・政策としての公助などあり得ない古代から中世へと変遷するなか、ヨーロッパでは「隣人愛」などを宗教倫理として掲げるキリスト教の普及に伴い、宗教者による教区(1)における住民、あるいは民間人や篤志家など富者による貧者に対する慈善事業が取り組まれた。これはのちの共助による地域福祉といえるが、残念ながら、その事実を示す文献や史跡、先行研究による知見などは見当たらない。

このようななか、中世に入った16世紀、イギリスで世界で初めて貧困者を救済するエリザベス救貧法が成立した。もっとも、これは王朝による貧困者に対する典型的な公助で、住民の自助や互助、共助という地域福祉本来の取り組みとはいいがたい。

そのイギリスで19世紀前半、世界で初めて産業革命を迎えたことに伴い、大量に発生した労働者や貧困者に対し、宗教者や社会事業家がその救済のため、慈善事業や社会事業に取り組んだ。

具体的には、COS（Charity Organization Sosiety：慈善組織化運動）を嚆矢《こうし》とする宗教者や社会事業家による慈善事業や社会事業、すなわち、1819年、チャルマーズ牧師によるグラスゴーにおける隣友運動(2)、1865年、社会調査に関心のあった実業家、ブースによるロンドンにおける貧困調査にもとづくキリスト教伝道会（のちの救世軍）、さらには1869年、産業革命に伴う近代国家のもと、労働の強化と労働者の貧困の深刻さを憂《うれ》いた社会事業家や篤志家がロンドンで慈善組織協会を結成し、郊外のイースト・エンドの貧困地区で貧困者に対する貧困調査や友愛訪問などを行った。また、牧師で社会改良家のバーネットは1884年、母校のオックスフォード大学の研究者や学生、友人らとともに同地区に住み込み、一連の活動の意義を説いた歴史学者、トインビーを記念し、その一角に世界で初めてのセツルメント運動の拠点施設、トインビーホールを建設した慈善事業および社会事業で、これらの一連の共助が地域福祉の源流とされている。

このトインビーホールはその後、モダンな造りに改築されているものの、かつては片山潜など日本の社会事業家も来訪した。また、その後、ホールでは貧困問題の撲滅のため、住宅や債務、金銭管理、法律などに関する無料相談や民間団体の支援などの活動を続けており、その伝統は今に伝わっている(3)。

この宗教者や社会事業家、民間人、篤志家、研究者、学生らの共助を受け、貧困者や労働者自らが友愛組合(4)や協同組合を設置し、当該地域における貧困や労働問題に関わる福祉の問題や課題の解決のため、自助や互助に取り組むとともに、これらを母体に、生活改善のため、協同組合活動や労働組合運動へと発展させ、その解決を図ることになった。このような貧困調査やセツルメント運動、協同組合運動、労働組合運動はその後、共助としての社会改良運動としてソーシャルワークリサーチやケースワーク、コミュニティケア、ソーシャルアクションへと理論化され、近隣の他のヨーロッパ諸国はもとより、アメリカにも大きな影響を与え、政府の公助による社会保障および社会福祉、雇用政策などとして本格的な整備の必要が迫られることになった。

それだけではない。イギリスでは1919年、全国の地方社協の連合体として全英社協（現全英民間組織協議会）が組織され、全国の民間社会福祉団体の連絡・調整を図る上部団体として活動を全国に拡充した。その後、社会政策学者、ベヴァリッジが1942年、第二次世界大戦後の同国の国家再建を見据え、既存の非効率な社会保障や雇用政策などの制度・政策を再編し、ナショナルミニマム(5)の保障によって社会保障および社会福祉を整備すべく、「社会保険および関連サービス（ベヴァリッジ報告）」を提示した。これを受け、戦後、保健・医療・福祉・住宅・教育などの社会サービスが同国の福祉国家の理想として掲げられることになった。

これに対し、アメリカでは１８７７年、イギリスで始まったＣＯＳ運動が輸入され、バファローなどで慈善組織協会や社協を結成し、その活動は１９３０年代末、コミュニティワークやケースワークとして普及した(6)。また、１９３５年、ルーズベルト大統領により、ニューディール政策(7)の一環として世界で初めて社会保障法が制定された。

(2) 近代から現代まで

さて、時代は近代から現代へと移り変わり、１９５０年代以降、デンマークのバンク・ミケルセンが提唱したノーマライゼーションの理念が近隣の欧州諸国に普及した。このうち、スウェーデンでは精神障害者などを病院・施設収容から居宅処遇(8)へと移行するため、施設ケアからコミュニティケアへと転換することになった。

具体的には、要援護・要介護者を当該地域の一員として在宅で支えるため、１９５０年代以降、ホームヘルプサービスを中心に取り組んだものの、１９７０年代の石油ショックを機に国民経済が停滞し始めたほか、インフレや失業率の上昇などの問題が持ち上がった。このため、１９８１年に「社会サービス法」を施行し、「高福祉・高負担」という社会民主主義モデルをベースにしながらも、「活力ある福祉社会の実現」に向かうことになった。

しかし、それは従来の政府および自治体の公助に国民・住民個人の自助や家族・住民の互助、さらにはボランティア、民間団体や企業など民間事業者の共助を加え、社会保障費の削減や社会福祉の地域化、すなわち、地域福祉への志向を意味した。すなわち、社会福祉施設やソーシャルサービスセンター、スーパーマーケット、警察署、学校などを配置したニュータウンづくりを手がけるなど、中小都市における総合計画や都市計画のなかで取り組むことになった。また、従来のナーシングホーム(9)に代わり、サービスハウジング(10)やサービスフラット(11)、グループホームなどを整備し、ナーシングホームや病院からの入所者や入院者の早期退去を図るなど「施設の社会化」(12)によって地域福祉に切り替えることになった。

これに対し、ノーマライゼーションの理念のお膝元のデンマークでは１９８０年、障害者に対するサービスを規定している特別法を社会援助法に統合するなど、特別の福祉ニーズを持った個人に対し、必要なすべての援助を提供すべく、措置権(13)を政府から自治体へと移譲した。さらに、その後、世界的な石油ショックに端を発した国民経済の停滞やインフレ、失業問題によって施設福祉から在宅福祉へと移行した。

このほか、フランスでは戦後、ようやく施設福祉や在宅福祉、社会参加対策などが展開されるようになった。また、近年は少子化対策を推進する一方、「社会的入院」(14)を減らすため、在宅看護サービスやデイホスピタル⒂、ナイトホスピタル⒃を重視するなど、北欧諸国と同様、行財政改革を進めている。

一方、イギリスは1971年、「地方自治体と関連する対人サービスに関する委員会報告（シーボーム報告）」⒄にもとづき、地方自治体社会福祉法を制定し、福祉サービスの権限を政府から自治体に移譲する一方、すべての自治体に対し、保健福祉計画の策定を義務づけ、精神障害者などを対象としたコミュニティケアから高齢者も含めたコミュニティワークへと転換した。もっとも、「ゆりかごから墓場まで」というスローガンのもと、手厚い社会保障や雇用政策に対し、一部の国民は勤労意欲に欠け、社会保障に依存したため、国内経済を揺さぶる事態となる「英国病」⒅に見舞われた。

また、1961年の世界的な石油ショックや少子高齢化がこれに拍車をかけたため、1979年に誕生したサッチャーは大胆な行財政改革に踏み切り、従来の「与える福祉（Welfare）」から「自立自助する福祉（Workfare）」、すなわち、行財政改革を断行した。これがいわゆる〝サッチャーリズム〟である⒆。

それだけではない。1990年、「保健サービスおよびコミュニティケア法」を制定してコミュニティケア改革に着手、施設福祉から在宅福祉へと移行し、コミュニティワークの整備・拡充に乗り出すなど民営化路線と地域福祉化を鮮明化した。その後、1997年、メージャーに代わり、首相に就いたブレアは従来の資本主義と社会主義の中道をめざす北欧諸国の社会民主主義モデルを志向した「第三の道」を選択したものの、在宅ケアを中心とした地域福祉および民営化路線が基調であることに変わりはない。

このノーマライゼーションの理念はやがてアメリカにも普及し、障害者による自立生活運動(20)をはじめ、ソーシャルアクションとしてのコミュニティオーガニゼーション(21)に加え、ソーシャルプランニングやソーシャルディベロプメント(22)などが政府によって自治体に義務づけることになった。

具体的には、1955年、それまで理論化されていた「ニーズ・資源調整説（レイン報告）」、およびニューステッターの「インターグループワーク論」(23)をオーソライズしたマレー・ロスのコミュニティオーガニゼーションが理論化され、コミュニティディベロプメント、さらには1968年、ロスマンのソーシャルアクション、社会計画、コミュニティオーガニゼーションからなる「三つのモデル」へと深化し、ソーシャルプランニングやソーシャルウェルフェアプランニング(24)の策定を各自治体に義務づけ、地域福祉の計画的な推進へと加速化した。

しかし、その後、ベトナム戦争への介入や石油ショックに伴う経済的破綻《はたん》、および少子高齢化の進行のため、社会保障への財政の過重な負担が問題となった。このため、新自由主義(25)の台頭と経済的な不況の深まりのなか、政府は1986年以降、医療費を抑制するとともに施設福祉から在宅福祉へと切り替える一方、国民のセルフケア(26)を原則とする考え方が支配的となった。そこで、クローズアップされてきたのがシルバーサービス(27)で、レーガン以降、歴代の大統領もこのような行財政改革のための民営化路線、すなわち、〝レーガノミックス〟により社会保障費の削減に踏み切り、「低福祉・低負担」の代償としての民営化路線に舵を切ったが、このような政治・経済の傾向は近年、欧米を中心にますます強まっている。

いずれにしても、このように欧米の地域福祉の源流は宗教家や実業家、研究者、学生らの共助による慈善事業やセツルメント運動、社会事業とされているのが定説である。

2　日本の場合

(1) 古代から第二次世界大戦前まで

一方、日本においては古代は7世紀、仏教や儒教の伝来により、僧侶の行基が灌漑《かんがい》事業(28)を行うなど宗教家が貧者に対する慈善事業に取り組む一方、聖徳太子は大阪・四天王寺の境内に四《し》箇院《かいん》(29)を設置し、貧者や虚弱者、高齢者、孤児などを保護する社会事業などに取り組んだとされているが、これらはあくまでも共助にすぎない。しかも、灌漑事業は大阪狭山市の狭山池などにわずかに史跡として残すものの、四箇院の建設は伝承にとどまっており、その真実を証明する文献や史料、史跡、先行研究による知見などはほとんど見当たらない。

その後、中世から近世に入り、幕府は江戸（現東京）市中に小石川養生所(30)や人足寄場(31)、町会所(32)などを設置する一方、地方では加賀（同石川県）の前田藩や米沢（同山形県）の上杉藩など一部の藩も仁政(33)を設けるなど、貧困者や虚弱者、孤児などの治療や保護に当たった反面、治安を維持する公助に努めたが、いずれも国民・住民個人の自助や家族・住民の互助による本来の地域福祉ではない。

また、士農工商という身分制度とは名ばかりで、年貢に対する強行施策に業《ごう》を煮やした農業者が各地で起こした百姓一揆は農業者個人の自助や家族・領民の互助の一面を表すとはいえ、領主による年貢や戦《いくさ》における足軽としての徴用など、さまざまな負担に対し、米の買い占めや売り惜しみ、代金の不当なつり上げをし、暴利をむさぼる米商人などの商家を打ちこわす暴動だったため、ソーシャルアクションとはいえなかった。大塩平八郎の乱(34)もその一環だった。

このようななか、封建的な武家政権から王政復古した明治期、富国強兵と殖産興業をキャッチフレーズに近代国家の建設へと突き進み、産業革命を迎えたが、その陰で取り残された貧困者など要援護者に対し、欧米における慈善事業やセツルメント運動、社会事業の研究実践を参考に、宗教者や社会事業家、政治家、一般の篤志家などの共助による慈善事業やセツルメント運動、社会事業が展開されるようになった。

具体的には、日田《ひだ》県（現大分県）の初代知事、松方正義は1869（明治2）年、同県北豆田村（現日田市）に日田養育館[35]、ヨーロッパ人カトリック神父、メール・マチルドとシスター4人は1872（明治5）年、横浜市中区山手居留地（現山手町）に孤児院「仁慈堂（のちの菫学院）」[36]、アメリカ人女性宣教師、アリス・ペティ・アダムスは1891（明治24）年、石井十次[37]らの協力を得て岡山市中区御幸町の貧困地区で児童を対象に教育や医療を行った日曜学校、前述した片山潜は1897（明治30）年、東京都千代田区神田三崎町（現三崎町）の自宅にキングスレーホール（館）[38]をそれぞれ建設し、貧困家庭の児童や孤児の養護などの慈善事業やセツルメント運動、社会事業に取り組んだもので、これらの慈善事業やセツルメント運動、社会事業が地域福祉の源流の定説とされ、現在に至っている。

ただし、岡山市の日曜学校はその後、病院や特別養護老人ホームなどを運営する社会福祉法人岡山博愛会が当時の跡地に保育園を開設し、その歴史を受け継いでいる岡山博愛会保育園を除けば（写真2―1）、後年、いずれも他人の手に渡って閉館したり、他の地域に移転したり、火災に遭ったり、関係者が政府の弾圧を受けて海外に逃亡したり、関東大震災で倒壊したりしたため、現存しない。

しかし、このような慈善事業やセツルメント運動、社会事業はその後、一部の地域で児童養護施設や日曜学校、キリスト教系の隣保館[39]、公民館が相次いで建設されて取り組まれたほか、社会主義運動と結びつき、1925（大正14）年、東京帝国大学（現東京大学）の学生セツルメントが弾圧に遭いながらも、学生セツルメントとして取り組んだ。もっとも、やがて国全体が軍国主義に突き進むにつれ、言論統制の一環として弾圧され、制止されることになった。

なお、これらの慈善事業やセツルメント運動、社会事業に先立つ1874（明治7）年、明治政府は恤救《じゅっきゅう》規則[40]を制定したが、その対象者は70歳以上の極貧の高齢者などきわめて限定され、有名無実な制度だった。このため、ごく限られた高齢な貧困者などしか対象とされなかったが、日本における政府の地域福祉に関わる初めての公助となった。

写真2-1　日曜学校の伝統を受け継ぐ
岡山博愛会保育園（岡山市にて）

　これに対し、ボランティアや民間社会福祉団体などの事業・活動としての共助では1907（明治40）年、全国救済事業大会が開かれ、従来の民間社会福祉団体を組織化する契機となった。また、1908（明治41）年、日本で最初の社会調査・連絡機関として中央慈善協会が設立され、その精神は昭和初期まで隣保事業(41)として受け継がれ、今日の社協による地域福祉活動の推進機関となった(42)。

このような背景には小河滋次郎や留岡幸助、窪田静太郎、渋沢栄一など、多くの篤志家や実業家の共助による慈善事業があった。もっとも、政府は旧態依然として家制度(43)や地域における国民・住民個人の自助や家族・住民の互助に期待すべく、翌1909（明治42）年、これらの慈善事業に取り組む施設や民間団体の活動の実績を評価し、国庫奨励金や助成金を支給し、その育成に努めるにとどまった。

やがて、大正期に入り、日露戦争から第一次世界大戦の渦中となって好景気を迎えたものの、地方では配給米としての出荷に伴う自給米の枯渇と現金収入の減少、都市部では米価の高騰など物価の高騰を招く一方、企業など民間事業者は従業員に労働の強化を求めた。このため、各地で米騒動や労働争議が頻発《ひんぱつ》したが、大正デモクラシー(44)にもとづく社会連帯を受け、貧困者を救済する必要に迫られ、政府は米騒動や労働争議を弾圧する反面、公助としての制度・政策を整備すべき新たな時代を迎えた。

そこで、政府は1917（大正6）年、内務省に救護課、1919（大正8）年に社会課を設けたほか、翌1920（大正9）年、同課を社会局に昇格し、社会事業に関わる問題に着手することになった。もっとも、その実態は基本的には従来の家制度や地域における住民個人による自助や互助、民間団体などによる共助に委ね、かつ治安維持的な性格を有するものであった。それでも、岡山県や大阪府では当時の知事らの陣頭指揮により、救世顧問(45)および方面委員制度(46)が発足し、非行少年や少女に対する精神的感化(47)や生活用品、物資の供与などが行われた。

また、ドイツの経験を踏まえ、創設された方面委員制度では小地域ごとに委員を委嘱して貧困者の相談や調査、援助に努め、1932（昭和7）年の救護法の実施に伴って全国的に拡大された。さらに、この制度は戦時下、軍人家族や遺族の援助、母子保護法や医療保護法の制定に伴う市町村の補助機関となり、貧困救済事業に一役買ったほか、1929（昭和4）年、救護法(48)の制定に貢献することになった。

しかし、やがて第二次世界大戦に突入し、戦火が拡大されるにつれて軍需産業を中心とした重化学工業に転換され、これまでの社会事業は戦時厚生事業へと変節し、形骸化される羽目となった。

（2）第二次世界大戦後から1990年代まで

しかも、第二次世界大戦により、首都・東京をはじめ、軍需産業や軍港などを有していた大阪、名古屋の三大都市圏はもとより、広島や北九州など軍需基地のある都市部は一面、焼け野原となり、被雇用労働者が急増し、巷《ちまた》に被災者や失業者、引き揚げ者、孤児、浮浪者、街娼などであふれるなど、日本の経済・社会機構が大きく様変わりし、戦災復興や援護活動が緊急の国策となった。

そこで、政府は1949（昭和24）年、GHQ（連合国軍総司令部）により発せられた「救済並びに福祉計画に関する件（覚書）」にのっとり、国民主権、基本的人権の尊重、平和主義の三大原則からなる日本国憲法を制定し、国民に対する生存権の保障を基調に、国家責任、無差別平等、公私分離の原則による社会保障および社会福祉などが政府の責任のもとで推進されるべきであるむね明言した。そして、昭和20年代、生活保護法、児童福祉法、身体障害者福祉法、30年代、老人福祉法、精神薄弱者福祉法（現知的障害者福祉法）、母子及び寡婦福祉法を制定し、福祉六法体制を迎えた。

また、GHQより「社会福祉活動に関する協議会」の設置に関する指示を受け、1951（昭和26）年に社会福祉事業法（現社会福祉法）を制定したことに伴い、地域福祉の推進を図ることを目的とする社会福祉法人格を持つ団体として社協を設置し、かつ都道府県社協および市町村社協の全国組織として全社協が設立された。これは、それまで各地でさまざまな地域福祉活動を展開していた民間団体があったにもかかわらず、相互の連絡・調整がほとんど行われていなかったなか、欧米におけるコミュニティケアやコミュニティオーガニゼーションが紹介され、関係団体の組織化を全国規模で行うことになったことにほかならなかった。

このほか、政府は1948（昭和23）年、民生委員法を制定し、高齢者や障害者の生活実態の調査や各種相談、情報提供など、地域福祉推進の一員として活躍する行政委嘱のボランティア組織、民生委員・児童委員協議会（民児協）を設置した。また、1952（昭和27）年、東京都で老人クラブが結成されたほか、1956（昭和31）年、長野県で家庭養護婦派遣事業がスタートし、ホームヘルパー(49)による訪問介護の端緒となったばかりか、自治体による在宅福祉の必要性が広く認識されるようになった。

その後、昭和30～50年代前半を中心とした高度経済成長に支えられ、国民生活や医療水準が向上するとともに平均寿命も年々伸長し、人生80年時代の到来を告げた。もっとも、東京、大阪、名古屋の三大都市圏に特化した土建型公共事業の経済政策や地域開発により、大気汚染や自然破壊などの公害の発生や第一次産業から第二次産業、さらには第三次産業へと変容した産業・就業構造の変化に伴う人口の都市部への流入による地方の過疎化、都市部の過密化に伴う住宅事情の悪化、物価の高騰、交通事故の多発、少年非行の増大など生活環境が深刻化し、各地で住民運動や市民活動が広がった。それはまた、地域社会の崩壊をも意味したため、全社協は1962（昭和37）年、「社会福祉協議会基本要項」を策定し、「住民主体の原則」や地域組織化、市町村社協中心の地域福祉、社協における専門職員の配置を骨子とし、住民個人の自助や家族・住民の互助による地域福祉の充実に取り組むことになった。

このようななか、自治省は1971（昭和46）年、国民生活審議会が1969（昭和44）年に発表した「コミュニティ―生活の場における人間性の回復―」を踏まえた「コミュニティ対策要綱」の策定や中央社会福祉審議会の「コミュニティ形成と社会福祉」の答申、また、政府は1981（昭和56）年、「増税なき財政改革」にもとづき行財政改革に着手する一方、1989（平成元）年、中央社会福祉関係三審議会合同企画分科会が出した意見具申「今後の社会福祉のあり方について」に併せるかのように消費税を導入し、「高齢者保健福祉推進十か年戦略（ゴールドプラン）」を策定した。

しかし、1973（昭和48）年の石油ショックやその後の人口の高齢化に伴い、政府は施設福祉から在宅福祉へと転換し、国民・住民個人の自助や家族・住民の互助、さらにはボランティア、民間団体、企業など民間事業者の共助による地域福祉を志向する「日本型福祉社会論」へとシフトすべく、翌1990（平成2）年、老人福祉法等社会福祉八法を改正し、措置権を都道府県から市町村に移譲する一方、施設での介護・収容から地域での介護・生活へと転換することになった。

（3）２０００年代から現代まで

このような一連の行財政改革の断行を背景に、２０００年代に実施されることになったのが社会保障構造改革、およびその一環としての社会福祉基礎構造改革で、まず２０００（平成12）年、介護保険法が施行された。また、同時に地方分権一括法の施行に併せ、同年６月、社会福祉事業法が社会福祉法に改正・改称され、市町村により地域福祉の計画的な推進について法定化されるとともに、市町村社協は社会福祉法人として引き続き地域福祉を推進していく団体として位置づけられた。その結果、２００３（平成15）年４月以降、市町村は地域福祉計画、都道府県は地域福祉支援計画をそれぞれ策定する努力義務を課され、今後、従来にもまして市町村社協とのパートナーシップを発揮し、地域福祉を計画的に推進していくことになったのである。

これは、１９９７（平成９）年に設置された「社会福祉事業等の在り方に関する検討会」が同年11月に発表した「社会福祉の基礎構造改革について（報告書）」、および中央社会福祉審議会のなかに設置された「社会福祉基礎構造改革分科会」が翌１９９８（平成10）年６月から同12月にかけ、順次発表した「社会福祉基礎構造改革について（中間まとめ）」をはじめ、「社会福祉基礎構造改革を進めるに当たって（追加意見）」、および「社会福祉基礎構造改革の全体像について（報告書）」を受け、厚生省（現厚生労働省）が１９９９（平成11）年４月から同８月にかけて示した「社会福祉事業法等一部改正法案」や「社会福祉基礎構造改革の全体像について」、および

「社会福祉の増進のための関係法律の整備等に関する法律案」を発表し、2000（平成12）年5月に「社会福祉の増進のための社会福祉事業法等の一部を改正する等の法律」が成立し、社会福祉事業法が社会福祉法に改正・改称されたことに由来する。また、障害者福祉の分野では同月から支援費制度が導入されたのち、2006（平成18）年4月、障害者自立支援法が施行されたほか(50)、介護保険制度と相まって福祉サービスは在宅介護よりも施設介護の方に要介護者のニーズが殺到し、介護保険給付費の増大に伴う財政の圧迫が顕著となったため、社会福祉六法にもとづく多くの福祉サービスは市町村による地域福祉の計画化な推進のなかで本格化することになった。

このような背景には1992（平成4）年10月、農業協同組合法および消費生活協同組合法の改正に伴い、農業協同組合（農協）および生活協同組合（生協）が社会福祉法人格を取得し、各地で地域福祉事業をスタートすることもからんでいる。さらに、政府は1998（平成10）年、特定非営利活動法人法（NPO法）を制定し、NPO法人が有償在宅福祉サービスだけでなく、介護保険法上、認知症高齢者共同生活介護の適用となったグループホームを整備し、従来の訪問介護（ホームヘルプサービス）や通所介護（デイサービス）とともに福祉サービスの提供主体として市場に参入できる道を開き、民営化を後押しするものでもあった。

それだけではない。政府は国の財政構造改革および地方分権改革の一環として国の地方への税源の移譲、国庫支出金（補助金）の廃止・縮減、地方交付税の見直し改革からなる「三位一体の改革」(51)により、新自由主義(52)にもとづき、「大きな政府」(53)から「小さな政府」(54)に転換すべく、１９９９（平成11）年から市町村合併を強行した結果、貧困と格差はますます拡大された。このため、２０１１（平成23）年の東日本大震災および東京電力福島第一原子力発電所事故への対応という敵失を受け、民主党政権から政権を取り戻した自公政権は「アベノミクス」という名の成長戦略のもと、対米従属や原発再稼働、２０２０（平成32）年の東京五輪を象徴するように政官財の癒着による財界の利益誘導や中国やロシア、北朝鮮を過度に警戒するアメリカの極東戦略と核の傘に引き続き入り、在日駐留米軍に対する「思いやり予算」の全額負担、防衛費増大の復活、さらには従来の東京、大阪、名古屋の三大都市圏から東京一極集中へと加速化させ、貧困と格差がさらに拡大する一方、「限界集落」(55)などの社会現象も顕著になるばかりである。

また、世界有数の〝地震列島〟で活断層が２０００以上あり、かつ活火山が１１０もありながら周辺地域の原発の再稼働に踏み切ったり、国会の発議および国民投票による憲法改「正」の是非を問わず、強行採決によって憲法解釈の変更による集団的自衛権の行使などを容認している。このほか、沖縄県・普天間飛行場の辺野古《へのこ》への移設、山口県・岩国基地などへの垂直移動型輸送機「オスプレイ」を配備したりするなど、国民感情とは裏腹の政治の暴走へと化しているのは周知のとおりである。

いずれにしても、このように日本の場合、19世紀のイギリスにおけるCOSを嚆矢とする慈善事業やセツルメント運動、社会事業、さらにはコミュニティケアやコミュニティオーガニゼーションなどを参考に、明治から大正にかけ、共助として取り組まれた慈善事業やセツルメント運動、社会事業を地域福祉の源流とし、その後、発展した社協の地域福祉活動に対し、政府が行財政改革の一環として市町村を中心とした地域福祉の計画的な推進のむね法制化し、その推進が図られているのである。

【注】

（1）当該地域にある教会を小地域の単位としたコミュニティ。

（2）教区における貧民を対象とした救済活動。

（3）トインビーホールＨＰ：http://www.toynbeehall.org.uk. ２０１６年。野田博也「近年のトインビー・ホールとセツルメントの実践原理」『愛知県立大学福祉教育学論集』第62号、２０１３年。

（4）当時の手工職人や労働者が支配者や監督者に対抗すべく結成した労働組合。

（5）政府が国民・住民に保障すべき最低生活水準。

（6）井岡勉「地域福祉の源流と展開」日本地域福祉学会編『新版 地域福祉事典』中央法規出版、１９９７年、p.4-77、柴田善守「欧米の社会福祉の歴史的展開」前出『現代社会福祉事典』p.8-9。

（7）世界恐慌によるアメリカ経済の打開のため、政府が行った公共投資による内需拡大や雇用創出などの政策。

(8) 在宅福祉および介護。
(9) 看護師常駐の特別養護老人ホーム。
(10) 健常高齢者向けの集合住宅。
(11) ケア付き住宅。
(12) 社会福祉施設を地域社会に開放し、施設における介護サービスの専門的な技術を在宅サービスに生かしたり、住民の施設への慰問などボランティアによる互助や共助により、〝開かれた施設〟とする方策。
(13) 社会福祉の制度・政策に関わる事業における福祉に関する行政の行政処分などの権限。
(14) 本来、入院の必要がないにもかかわらず、施設や在宅福祉サービスの整備が不十分なため、やむを得ず、病院に長期に入院して医療費の増大につながっている状況。
(15) 日中、地域のリハビリセンターに通い、機能訓練を受けるデイケア。
(16) 昼間は通学・通勤させ、夜間は医療チームの保護下において医療・保護を行う方式。夜間病院。
(17) シーボーム卿を中心とし、それまでバラバラだった高齢者や障害者へのサービスを連携させ、地域社会や家族の状況を考慮して社会サービスを提供できるよう、各自治体に再編成を提案した社会福祉改革。
(18) １９６０年代、社会保障が恵まれていた社会保障に国民が甘んじ、国内経済の低迷を引き起こし、立ちゆかなくなったイギリスの実態を揶揄《やゆ》した言葉。
(19) 保健・医療など社会保険の合理化、効率化の一環として自治体に対する福祉サービスへの補助金の削減、国営医療機関の統廃合、自治体の高齢者年金ホームの閉鎖、民活導入など多くの医療・福祉施設が統廃合された。また、福祉サービスの費用負担の面でも受益者負担の論理が導入されたほか、施設の民営化に伴い、企業など民間事業者のナーシングホームの建設の奨励などが行われた。

(20) 障害者がみずからの生活の自立の権利を主張した社会運動。
(21) 地域組織化。
(22) 地域開発。
(23) 地域の福祉の問題や課題の解決のため、関係団体や機関の協働によって解決しようとする考え方。コミュニティケアおよびコミュニティオーガニゼーションへと志向し、地域福祉の実践理論に結実した。
(24) 社会計画や社会福祉計画。
(25) 政府による社会保障などの制度・政策を充実させる「大きな政府」、すなわち、福祉国家を捨象・縮小し、民営化や大幅な規制緩和、市場原理主義を導入して「小さな政府」、すなわち、福祉社会へと転換すべく、「新しい自由主義」を意味する思想や概念。
(26) 自己管理および自助による介護。
(27) 企業など民間事業者による高齢者向けの財や福祉サービスで、有料老人ホームや個人年金、福祉用具の販売・貸与、在宅介護サービスなどがその主なもの。高齢者福祉産業などと呼ばれている。
(28) 農作物の安定化を図るべく、用水路をつくって周辺から用水を導いたり、ため池をつくって雨水を蓄えるための工事。
(29) 敬田院、施薬院、療病院、悲田院からなる薬草園や薬局、病院、社会福祉施設。
(30) 幕府が1722(享保7)年、貧民を対象に小石川薬園（現東京大学理学部附属植物園）に設置した無料の医療施設。
(31) 幕府が1790(寛政2)年、隅田川の石川島（現東京都中央区）に設置した授産施設。
(32) 江戸時代、町役人や町代が町務を執った集会所。

(33) 領民を思いやる政治。
(34) 1887(天保8)年、大坂（現大阪市）町奉行の元与力、大塩平八郎らが民衆が飢餓《きが》で苦しんでいるにもかかわらず、何の救済措置を講じないため、起こした反乱。
(35) 日田県が大分県に吸収合併されたことと日田県の財政悪化により、1875(明治6)年に閉鎖され、現地に碑が残るだけである。
(36) 1900(明治33)年、菫女学校と改称したのち、横浜紅蘭女学校、横浜高等女学校、横浜雙葉《ふたば》中、高校を擁する学園として現在に至る。
(37) アリス・ペティ・アダムス、留岡幸助、山室軍平とともに「岡山四聖人」、また、「児童福祉の父」といわれている。
(38) キングスレーホール（館）の館名は、片山が交流のあったイギリスのキリスト教社会主義者、C・キングズリーの名を冠したもの。
(39) 貧困地区やその周辺地域で一般の住民も含め、社会福祉の向上や人権の啓発のため、住民の交流を図る拠点施設。キングスレーホール（館）はその草分け。
(40) 明治政府が1874(明治7)年、貧困者の救済のため、制定した慈恵的な規則、1931（昭和6)年、救護法の制定とともに廃止された現生活保護法のルーツ。
(41) 隣保館などの施設を設け、近隣の地域における福祉サービス対象の住民の生活改善を図る事業。
(42) 前出・井岡「地域福祉の源流と展開」日本地域福祉学会編『新版 地域福祉事典』p.75、柴田善守「日本の社会福祉の歴史的展開」前出『現代社会福祉事典』p.6~7、三浦文夫・右田紀久恵・大橋謙策編著『地域福祉の源流と創造』中央法規出版、2003年。

(43) 1898(明治31)年に制定された民法で規定された家族制度で、親族関係のうち、それぞれの家の直系尊属の長を戸主として家族を支配し、家のすべての権限を与えた制度。家父長制度ともいう。
(44) 1910~1920年代に起こった護憲や普通選挙など民主化を求める運動や政治的な現象。
(45) 岡山県知事の笠井信一がドイツ・エルバーフェルト市の救貧委員制度、エルバーフェルト・システムを参考に、貧困者の相談に乗ったり、その防止に努めるため、導入した制度。
(46) 大阪府知事、林市蔵がエルバーフェルト・システムを参考に、低所得や貧困者の救済などに当たる制度。今日の民生委員の前身。
(47) 非行の性癖のある少年少女を保護・教育し、その矯正を図る事業。
(48) 老衰や疾病、貧困などのため、生活が困難な者を救護する法律。1946(昭和21)年、生活保護法の制定に伴い、廃止された。
(49) 現介護職員初任者研修修了者および介護保険法による訪問介護員。
(50) 2013(平成25)年、障害者総合支援法に改正・改称された。
(51) 小泉政権下、政府による自治体への国庫補助負担金の廃止・縮減、税源の移譲、地方交付税の見直しの一体的な見直し。
(52) 政府の福祉などの公共サービスの縮小による「小さな政府」や民営化、大幅な規制緩和、市場原理主義を重視する経済思想。イギリスのサッチャー、アメリカのレーガン、日本の中曽根政権が発端。
(53) 政府が主導する福祉国家。広義には「高福祉・高負担」の北欧諸国の社会民主主義のよる国家像。
(54) 福祉国家に対峙《たいじ》し、自治体が主導する福祉社会だが、「地方分権化」に名を借りた民営化路線、あるいは行財政改革による政治的な思惑に要注意。新自由主義にもとづく「低福祉・低負担」といわれるアメリカやイギリスなどの国家像。

（55）集落の高齢化率が50％を超え、農林水産業や冠婚葬祭などにおける互助が希薄化し、共同体の機能が希薄化すると集落の維持が限界に達する現象。農村社会学者、大野晃の概念。

第3章

地域福祉源流の真実を求めて

1　海外の場合

(1) 世界四大文明のギリシャ、エジプトなど

第2章で地域福祉の源流は海外、日本のいずれの場合も近代、宗教者や社会事業家、篤志家などの共助としての慈善事業やセツルメント運動、社会事業とされ、その後、政府および自治体の公助としての制度・政策、さらには国民・住民個人の自助や家族・住民の互助としての事業・活動を通じ、今日、地域福祉の計画的な推進に受け継がれていることが改めてわかった。

ただし、従来の地域福祉の源流とされている宗教者や社会事業家、篤志家などによる慈善事業やセツルメント運動、社会事業は、地域福祉本来の国民・住民個人の自助や家族・住民の互助というよりも、むしろ宗教者や社会事業家、篤志家などによる共助がほとんどである。このため、

その源流について、現代にいう政府および自治体の公助をベースとしながらも、国民・住民個人の自助や家族・住民の互助、さらには宗教者や社会事業家、篤志家などによる共助からなるベストミックスの地域福祉による取り組みがもっと以前になかったのかどうか、近世から中世、さらには古代や先史までさかのぼり、その真実を求める必要がある。

周知のように、この地球に人類が住みついたのは氷河時代が終わり、比較的温暖な気候になった数百万年前といわれているが、その先史時代および古代、人々は森林や原野を開墾して麦や粟《あわ》、黍《きび》を栽培したり、稲作に従事したり、ワインを醸造したり、あるいは森で動植物を狩猟したりして生計を立てた。また、そのために必要な鍬《すき》や窯、鎌、鏃《やじり》などを石や獲物の骨などでつくり、それによって得た食料を煮たり、焼いたり、保存したりするため、土器をつくったり、麻や羊毛などで衣類をつくったりして生産経済を成り立たせ、やがて集落をつくって共同生活を営むようになった。

このような生活様式には当然のことながら気候の変動や地勢、宗教、民族、言語の影響もあったが、当時、平均寿命は20～30歳といわれ、もとより、医療技術などもなかったため、薬草で処方していた。このため、人々はキリスト教の神父（1）や牧師（2）など宗教者による布教活動や財貨の互酬、分配、交換などの交易、運動、家族や集落の住民との団欒《だんらん》などの活動を通じ、地域福祉に関わるさまざまな自助や互助による事業・活動に取り組み、集落は次第に大規模化していった。

　このほか、人口が増えた都市では商業が発展し、さまざまな職人が集まり、職業や身分が多様化するなか、水や耕地の確保、領土の拡大、食料や資源、要員の確保のため、周辺の集落や地域で対立抗争が起こった。そして、これに勝った支配者は敗れた集落や地域を配下に治め、酋長や首領、王などの権力者が登場し、人々を奴隷にしたり、税を納めさせたりする都市国家（ポリス）(3)が誕生した。このような都市国家は時代とともに拡大し、統一される一方、灌漑《かんがい》による農耕の発達とともに人口が増加した。そして、文明が発展して文字がつくられ、人々の交流が図られるようにもなった。

　その代表的な文明が今から約5000年前、チグリス・ユーフラテス川流域のメソポタミア文明をはじめ、エジプトのナイル川流域のエジプト文明、インド、パキスタン、アフガニスタンを流れるインダス川流域のインダス文明、中国・黄河流域の中国（黄河）文明である。これらの文明のうち、世界で初めて都市国家が成立したのは紀元前3000年ごろ、チグリス、ユーフラテス両川の流域で運河を整備し、灌漑農業によって開化したメソポタミア文明である（写真3―1）。

　その後、ナイル川の下流でもエジプト文明のもと、都市国家が成立して地中海全域を支配した。ローマでは皇帝や有力貴族、富裕階級が奴隷を雇い、贅沢三昧《ぜいたくざんまい》の生活を送り、約5万人も収容した円形闘技場のコロセウムでは奴隷たちに猛獣を放し、彼らが絶命する様を市民に娯楽として楽しませたほか、パンなどの穀物を無料で配給した。また、一度に1000人以上も収容できる公

写真3−1　世界で初めて都市国家が誕生したメソポタミア文明
（ギリシャ・アテネにて）

衆浴場が市内の至る所に設けられ、市民は職業や年齢、貧富の差などを問わず、だれでも気軽に入浴したり、飲食や運動、読書、商売、哲学などについて意見を交わしたりしたため、地域福祉に関わる自助や互助があったことは容易に想像できる。

しかし、これらの真実を証明する文献や史料、先行研究による知見は見当たらない。まして、奴隷に至っては皇帝や有力貴族、富裕階級により、生活はもとより、命まで拘束、支配されていたため、人権の保障はなく、猛獣同然の見世物としてさらされるだけで、市民・住民個人の自助や家族・住民の互助によって地域福祉に取り組む余裕などなかった。もっとも、こちらについてもこれらの真実を証明する文献や史料、先行研究による知見は見当たらない。

（2）アンデス文明のペルー

一方、南米のアンデス地方では3500年前、メソポタミア文明などに匹敵するほどのアンデス文明を形成していた。その象徴がペルーのマチュピチュである。

このマチュピチュは1911年、アメリカの探検家、ハイラム・ビンガムがアンデス山脈がそびえるウルバンバ渓谷の山間の尾根（標高2430メートル）で発見したもので、2007年、「新・世界七不思議の一つ」に数えられ、2015年、首都・クスコとともに「世界遺産」に登録された。そのたたずまいは、高度な石積みの技術によって山頂に神殿や宮殿、居住区、段々畑などの遺跡が確認され、クスコを首都としたインカ帝国の離宮だったのではないかといわれている。しかも、四方に広がる痩《や》せた尾根に住居や水路、段々畑を設け、ジャガイモやトウモロコシ、ユカ、キノア、コカの葉など計200種類もの植物を栽培し、数千人から1万人の人々が自給自足の生活を送った遺跡のほか、段々畑を見下ろす高台に見張り小屋とされる建物もそのまま残っている。

この〝空中都市〟は1532年、スペイン人によって征服されて廃墟となったが、それまでの約80年間、住民個人が地域福祉に関わる自助や家族・住民の互助による事業・活動を通じ、共同生活をしていたことが考えられるが、クスコとの関係や中央との役割分担など不明な点があまりにも多い。また、当時の住民個人がこのような環境のなかでどのような自助や家族・住民の互助

写真3-2　人々の生活ぶりが不明なマチュピチュ
（ワイナピチュを望む見張り小屋の手前にて）

によって地域福祉に取り組んだのかどうか、その真実を証明する文献や史料、先行研究による知見は見当たらないのが実情である（写真３－２）。

やがて、中世に入ると西欧の都市国家では商工業者がギルド⑷を組織し、親方を頂点とする徒弟制度をつくりあげ、職を身につけたい職人を指導すべく、労働に従事させる一方、市政にも参加し、市民権を得るようになった。そして、近世後期の18世紀後半、イギリスで産業革命を迎えたが、これにスイスやベルギーが続いた。

また、１４９１年、イギリス・スコットランドのアバディーンで世界で初めて協同組合「ショーア・ポーターース・ソサイアティ」が設立された。その活動は組合員の活動資金をもとに農家から農作物を共同購入し、都市部では店舗、農山村では移動販売車で巡回し、販売する互助としての協同組合活動である。この活動はその後、スイスでは「スイスコープ」が1840年、バーゼル、「ミグロ生協」が1890年、チューリヒで設立され、やはり組合員の出資金を元手に、農家から共同購入した農作物を店舗や移動販売車で販売する一方、組合員の居場所や日常生活上の困りごとの応談、安否確認などコミュニケーションの場として浸透し、都市部では農作物はもとより、衣類や化粧品、掃除用品、時計、指輪の販売、飲食、金融、不動産、旅行斡旋《あっせん》業、カルチャースクールなどの多角経営に乗り出すところもみられるほどである（写真3―3）。

さて、その後、世界、とりわけ、欧米の先進国は近代国家の建設へと向かい、政府および自治体による公助としての社会保障および社会福祉、さらには雇用政策や住宅政策などが整備され、現代に至った。その意味で各国にはそれなりの歴史の変遷があったとはいえ、血縁・地縁による家族や親族、当該地域の住民による狩猟や農作業、冠婚葬祭、祭《さい》祓《はらえ》、宗教書の研究、祈祷会、布教活動、イースター（復活祭）、商工業、消費生活などの生活場面で、人々はその安全・安心の確保のため、地域福祉に関わるさまざまな国民・住民個人の自助や家族・住民の互助、共助による事業・活動に取り組んできたことを想像するに難しくはない。

しかし、残念ながら、イギリスやスイスの協同組合活動なども含め、社会保障および社会福祉の視点からこのような地域福祉に関わる国民・住民個人の自助や家族・住民の互助などによる取

写真3-3　外国人旅行者にも人気の生協の店舗
（スイス連邦鉄道（SBB）チューリヒ中央駅の地下街にて）

り組みについての検証はいまだにほとんど行われていないのが実態である。それというのも、当時、とりわけ、古代ではまだ文字が発明されていなかったほか、さまざまな形象や色彩などにより、人々がコミュニケーションを図ったであろう記号体系の判読が困難だったからである。

また、中世に入っても関連する文献や史料、史跡などがほとんどないため、学術的に調査研究し、検証することが困難だったことも考えられる。とはいえ、少なくとも地域福祉の源流を探るにはこのような先史や古代、中世までさかのぼり、そのような事実があり、それが学術的に真実といえるのかどうか、学術的に調査研究し、検証すべきである。なぜなら、第1章で述べたように、地域福祉は政府および自治体の公助による地域福祉に関わる制度・政策がベースでありながらも、本来は国民・住民個人の自助や家族・住民の互助、さらにはボランティアや民間団体、企業など民間事業者の共助による事業・活動だからである。

いずれにしても、第2章で述べたように、海外の場合、地域福祉の源流は、18世紀後半、イギリスにおけるCOSを嚆矢とする宗教家や社会改良家、および一部の研究者や学生、篤志家などが取り組んだ慈善事業やセツルメント運動、社会事業が定説とされているため、今後の研究が待たれているのである。

2　日本の場合

(1) 聖徳太子の四箇院や古墳の遺跡

一方、日本の地域福祉の源流は、約1300～1400年前の飛鳥《あすか》時代、聖徳太子が大阪市天王寺区の四天王寺の境内に建設した四箇院《しかいん》における社会事業、あるいは奈良時代の僧侶、行基の灌漑事業(5)などに求める見方も一部にないわけではないが、これらの地域福祉に関わる事業・活動は今日にいう貧困者など国民・住民個人の自助や家族・住民の互助ではなく、仏教者の共助にすぎない。しかも、灌漑事業の跡地は大阪狭山市の狭山池や岸和田市の久米田池、堺市西区の鶴田池などに残すものの、他にこれといった史跡は見当たらない。四箇院に至っては伝説にとど

写真3-4　弥生時代の集落と農耕生活を伝える登呂遺跡
（静岡市内の登呂遺跡にて）

まっており、現存する四天王寺のたたずまいからその真実をうかがうことはできない。

また、これに先立つ約３０００年前の弥生時代、稲作のため、水田などで鉄を使い、その周囲に竪穴《たてあな》住居や倉庫を建て、古墳と同じように堀で囲む農耕生活が始まった。このため、農耕生活を通じた国民・住民個人の自助や家族・住民の互助による地域福祉に関わる事業・活動が想像されるが、文字が発明されておらず、かつ記号体系の判読も困難なため、静岡市登呂《とろ》に史跡が一部残されているものの、人々の自助や互助による地域福祉に関わる事業・活動の真実を立証するすべもない（写真３―４）。

（2）中世以降の神話や伝承

その後、中世から近世に移り、荘園(6)から惣村(7)を受け継いだ〝自然村〟(8)といわれる農村社会を迎え、日常生活の基盤や風習として人々が「結《ゆ》い」(9)や「催合《もあ》い」(10)、講(11)、さらには頼母子講《たのもしこう》(12)や無尽《むじん》をはじめ、農業などの生産労働や冠婚葬祭、余暇活動、神社仏閣の氏子や総代、檀家による四季折々の祭事や縁日などにおける自助や互助、さらには商工業者間の徒弟制度などにおける自助や互助、共助が地域福祉に関わる慈善事業やセツルメント運動、社会事業などの事業・活動とされた。

その結いの典型的なケースは「世界遺産」に登録されている岐阜県白川村の白川郷と富山県南砺波市《みなみとなみし》五箇山の合掌集落の茅葺き屋根の葺き替えの共同作業で、ともに源平合戦の初期、越中（現富山県）の倶利伽羅《くりから》峠の戦いで木曽義仲に敗れた平家の落ち武者が住み着いたといわれているが、伝説の域を出ず、養蚕業が盛んになった江戸中期以降、このような豪雪地方独特の切妻造りの家屋が建てられた。しかも、それは現代にいう政府および自治体の公助やボランティアや民間団体、企業など民間事業者の共助ではなく、国民・住民個人の自助や家族・住民の互助によるものであるため、政府および自治体の公助をベースとしながらも、自助や互助、共助というべストミックスの地域福祉の源流と位置づけるわけにはいかず、かつ地域福祉に関する文献や史料、史跡、先行研究の知見も定かでない(13)。

写真3−5　離村や宅地化で存在感が薄れている鎮守の森
（右手後方の浅間山をバックにした林：群馬県嬬恋村にて）

また、地域によっては古来、古神道にもとづき、森林に囲まれた鎮守の森がある。その信仰は人々の山岳や巨石、滝などの自然を対象としたものが多く、人々の心のよりどころになっており、農作業の際の家族・住民の互助に及んでいるところもあるが、近年、「限界集落」や離農離村、あるいは宅地化の波に洗われ、その存在感はすっかり薄れつつある（写真3−5）。

このようななか、日本で文字が発明された中世以降、地震や津波、水害、台風など自然災害による被災の記録は多く残されている。

なかでも注目されるのは三重県桑名市など木曽三川の河口周辺に広がる輪中《わじゅう》集落で、海抜ゼロメートル以下のため、江戸時代、河口で地主の土地を借りて農業を営んでいた農民たちが開墾した新田を守るとともに、洪水で堤防が切れ

写真3-6　輪中集落に伝えられている防災用の農具
（三重県桑名市の資料館「輪中の郷」にて）

ても安全に避難できるよう、水屋に田舟を設置した。その対策は明治に入り、堤防で囲まれ、現在に至っているが、その歴史は今も受け継がれている（写真3－6）。

いずれにしても、これらの神話や伝承などに関わる社会保障および社会福祉学上の文献や史料、先行研究による知見は皆無で、ベストミックスの地域福祉の源流といえるかどうか、その真実を証明することは不可能である。

ともあれ、第2章で日本の地域福祉の源流は、欧米における社会事業やセツルメント運動の影響を受け、明治維新後、近代国家の建設の掛け声の陰で取り残された貧困者など要援護・要介護者に対し、宗教者や社会事業家、政界、一般の篤志家などの共助による慈善事業や社会事業とするのが定説となっていることが改めて確認されたといえよう。

このようななか、筆者のこれまでの約30年にわたる調査研究の結果、日本の地域福祉の源流は少なくとも近世は江戸時代までさかのぼるべきだと考える。それというのも、約230年前の江戸中期の1783（天明3）年、浅間山（標高2568メートル）の「天明の大噴火」における被災地の復興の背景に生存者個人の自助と家族・領民の互助があったほか、近隣の名主の共助や藩および幕府の公助もあったことが数多くの文献や史跡、考古学や歴史学における先行研究による知見により、実証されているからである。

そこで、第4章ではこの浅間山大噴火被災地における藩および幕府の公助をベースとしながらも、生存者個人の自助や家族・領民の互助、さらには近隣の名主の共助による取り組みが地域福祉源流の真実と考えるべく、社会保障および社会福祉の視点より、その史実についてくわしく述べたい。

【注】

（1）カトリックと正教会（東方正教会：ギリシャ正教）の聖職者。

（2）プロテスタントの聖職者。

（3）周囲の丘の上に建てた城砦や神殿を中心として形成された都市型の集落で、かつ共同体的な国家。

（4）都市の商工業者の間で組織された職業別の同業者組合。商人ギルドや手工業ギルドなどがある。
（5）農耕用のため池や用水路、堀川、波止場、橋、道路などの事業。
（6）奈良時代以前、朝廷が所有していた土地が貴族や豪族にとって代わった私有地。
（7）鎌倉時代から室町時代にかけ、百姓が貴族や豪族から独立し、荘園を奪取した自治型の村落。
（8）人々のごく自然な生業から構成された近代以前の集落。
（9）後述する〝自然村〟、すなわち、集落の住民が自助では不可能な農作業などを互助で行う生活習慣。
（10）集落の住民と共同して事をしたり、物を所有したりする生活習慣。
（11）同じ信仰を持っていたり、日常生活上、困ったことに対し、集落の住民が互助しあう結社、または団体。
（12）集落の住民が資金を出しあい、一定の期日に順次抽選や入札で一定の金額の金銭を融通しあう団体。無尽ともいう。
（13）荒川秀俊・宇佐見龍夫『災害』近藤出版社、１９８５年。

第4章

浅間山大噴火被災地の復興

1 「天明の大噴火」

(1) 噴火の規模

第3章で述べたように、日本における地域福祉の源流は明治期の宗教者や社会事業家、政治家、篤志家などの共助としての慈善事業やセツルメント運動、社会事業が定説だが、筆者がこれまで約30年にわたって調査研究した結果、1783(天明3)年、浅間山の「天明の大噴火」における藩および幕府の公助、生存者個人の自助や家族・領民の互助、近隣の名主の共助からなるベストミックスの地域福祉による被災地復興がその真実だった。

そこで、第4章ではこの浅間山大噴火被災地の復興にみる地域福祉源流の真実について述べたい。

資料4−1「浅間山夜分大焼之図」
出典：浅間山火山博物館ＨＰ、
美斎津洋夫氏所蔵、2015年。

周知のように、江戸中期は伝統的な農林水産業はもとより、貨幣経済の進展など元禄文化を受け、武士はもとより、町民も文芸や学問、芸術を親しむようになったころとあって、浅間山の「天明の大噴火」についての被災状況や被災地の復興に関する史料は膨大に残されている。また、昭和に入って学術的な発掘調査や研究も行われているが、なかには被災地の領民や近隣の領民、住職などが見聞や伝聞にもとづく不確かなものも相当あるため、検証には慎重を要する。

そのなかで最も信頼できる内閣府所管の中央防災会議・災害教訓の継承に関する専門委員会の「1783　天明浅間山噴火報告書」2012年、内閣府・気象庁『日本活火山総覧（第2版）』（1991年）、および地元群馬県嬬恋村の嬬恋郷土資料館における文献や周辺の史跡、および生存者の子孫に対するインタビュー調査の結果によると、浅間山（1）は1783（天明3）年7月8日（新暦8月5日）午前10〜11時、有史以来、最大規模の大噴火をし、噴煙は地表から10〜50キロメートル上空の成層圏にまで達した（資料4—1）。

このマグニチュード（2）4・8のプリニー式噴火（3）に伴い、高温で最高60メートル、総量約2

写真4-1「天明の大噴火」で流失した溶岩
（嬬恋村鎌原の鬼押出し園にて）

億平方キロメートルの土砂雪崩《なだれ》や溶岩流、火砕流が浅間連峰の一角の前掛山の山頂一帯から大量に流出し、山頂付近に火砕丘が現れた。そして、時速１００～１２０キロメートルの猛スピードで北麓の六里《ろくり》ヶ原を経て上野国吾妻郡《あがつまぐん》鎌原村（現群馬県嬬恋村鎌原）を直撃し、埋没させた（写真４―１）。

そして、これらの土砂雪崩や溶岩流、火砕流は泥流を伴い、午前10時から午後2時ごろにかけ、吾妻川から約１００キロメートル先の江戸川、さらに本流の利根川河口の上総《かずさ》国海上郡《うなかみぐん》銚子村（同千葉県銚子市）へと流下した（写真４―２）。

また、火山灰は折からの偏西風に流され、南麓の信濃国北佐久郡軽井沢村（同長野県軽井沢町）から上野国碓氷郡安中《あんなか》村（同群馬県安中市）、

写真4−2　溶岩流などで人馬もろとも銚子まで流下した吾妻川
（群馬県東吾妻町にて）

同群馬郡高崎村（同高崎市）、江戸市中、さらには約440キロも離れた陸奥《むつ》国閉伊郡大槌《おおづち》村（同岩手県大槌町）に拡散し、1・3〜3・3センチ降り積もった。その爆発音は京（同京都）でも聞かれたという。

　そのときの様子を北麓の上野国吾妻郡大笹村（同群馬県嬬恋村大笹）の無量院の住職は「浅間大変覚書」のなかでこう記している。

「七日、鳴音前日より百倍厳しく、地道事千倍なり。依之老若男女飲み食を忘れ、立たり居たり、身の置所なく、浅間の方ばかりながめ居候所、山より熱湯湧出しおし下し、南木の御林見る内に皆燃へ尽す。鹿、犬の皆焼死す。原も一面の火に成り、日もあてられぬ次第成。天に吹あぐる事百里もあるべきかと云。物のめぐり石落こと雨の如し。譬て云えば、白熊をふりたてるごとく、口もととどかず、筆にも難之大焼（後略）」

（2）被災状況

当時、「浅間焼け」、あるいは「浅間押し」といわれたこの有史以来の大噴火のため、鎌原村など上州（現群馬県）で908人など関東平野で計1443人の死者を数えたほか、流失した家屋は957戸（図表4―1）、焼失した家屋も51戸に上った。

このうち、死者が483人（4）、流失家屋が152戸と最も被害があった鎌原村では、倒壊したり、埋没したりした家屋が130戸余りに達したほか（写真4―3、写真4―4）、領民の菩提寺だった延命寺も焼失した（写真4―5）。

また、宿場の労役を助ける助郷役《すけごうやく》（5）用の馬200頭のうち、170頭が死んだほか、碓氷峠《うすい》と倉賀野村（同高崎市新町）の間の田畑はすべて火山灰で覆われたほか、下流の江戸川に大量の土砂を流出させ、噴火と相前後して起きた「天明の大飢饉《ききん》」（6）に拍車をかけた。軽井沢村でも飛散した石に打たれ、1人が即死したほか、家屋の焼失が51戸、大破が65戸、倒壊も65戸に上った。

現に、1815（文化12）年の命日、鎌原観音堂近くに建立された三十三回忌の供養碑にはこ

図表4-1「天明の大噴火」の被災状況

集落(村)名	死者数	流家数	集落(村)名	死者数	流家数	集落(村)名	死者数	流家数	集落(村)名	死者数	流家数
鎌原	483	152	長野原	210		矢倉	11	40	伊勢町		2
西窪	42	21	坪井	8		厚田	7		祖母島		28
与喜屋	55		立石		3	泉沢	8		荒巻		19
大前	74	100	川原畑	4	21	青山	1	17	箱島	3	
芦生田	23	43	川原湯	18		岩下	11	24	市城		21
赤羽根	15		川戸	7	10	横谷	17	29	植栗	10	
羽根尾	20	51	岩井	1		郷原	18		小野子	1	17
中居	10		川島	128	150	原町		16	金井	10	
小宿	57	60	三島	16	57	五町田	10		村上	13	70
今井	36		松尾	3	6	岡崎新田	9		南巻	104	
									計	1,443	957

資料：「吾妻郡誌」
出典：国土交通省関東地方整備局利根川水系砂防事務所HP、2015年に一部加筆。

写真4-3　発掘された埋没民家
（嬬恋村鎌原の鎌原観音堂前にて）

写真4-4　発掘された埋没民家の内部
（嬬恋村鎌原の鎌原観音堂前にて）

写真4-5　焼失した延命寺跡
（嬬恋村鎌原の延命寺跡にて）

う記されている。

「天明三癸卯歳七月八日　巳下刻従　浅間山火石泥砂　押出於當村四百七十七人流死為　菩提建立

文化十二乙亥七月八日」

これほどまでの大惨事となったのは、当時の人々は噴火は山に住む鬼が暴れたり、火山灰などは空から降ってきたりするものだと信じ込み、数か月前から小噴火を続けていたにもかかわらず、ふだんどおり、農作業をしていたり、土蔵で昼寝をしていたりするなど、まったくの無防備だったからである。

2　被災前の鎌原村

(1) 大笹街道の宿場的な農村

とりわけ、壊滅状態となったのは噴火口から北方へ12〜16キロメートルしか離れていなかった鎌原村だった。

当時、鎌原村は人口が116戸(7)、597人という幕府領の寒村で、村の南北を大笹街道が通っており、冬は浅間山から吹き下ろす季節風や吹雪、積雪のため、通行不能となることが多かった。また、村の生業は麦や粟《あわ》、稗《ひえ》、蕎《そ》麦《ば》などの農業や屋根板、天秤棒などの木工業、炭焼きなどが主で、人々の生活は決して楽ではなかった(資料4—2、写真4—6)。

ただし、この街道は江戸・日本橋と京・三条大橋間を結ぶ中山道の脇道で、飯山(同長野県飯山市)、須坂(同須坂市)、松代(現長野市松代町)各藩の荷物や年貢米などの運搬、あるいは草津温泉の湯治などの人々の往来が結構あった。このため、街道沿いに米屋や茶屋、炭屋、煮売り茶屋、酒屋、古着屋、問屋、大工、百姓屋、馬医者、塩屋があったほか、旅籠《はたご》(8)や馬喰《ばくい》稼ぎ(9)、飯盛り女(10)もおり、正式な宿場ではなかったものの、山里にしては結構にぎわっていた。また、江戸や上方《かみがた》(11)の文化も伝わっていたため、高価な家財や茶器などを有する旅籠や店もあった

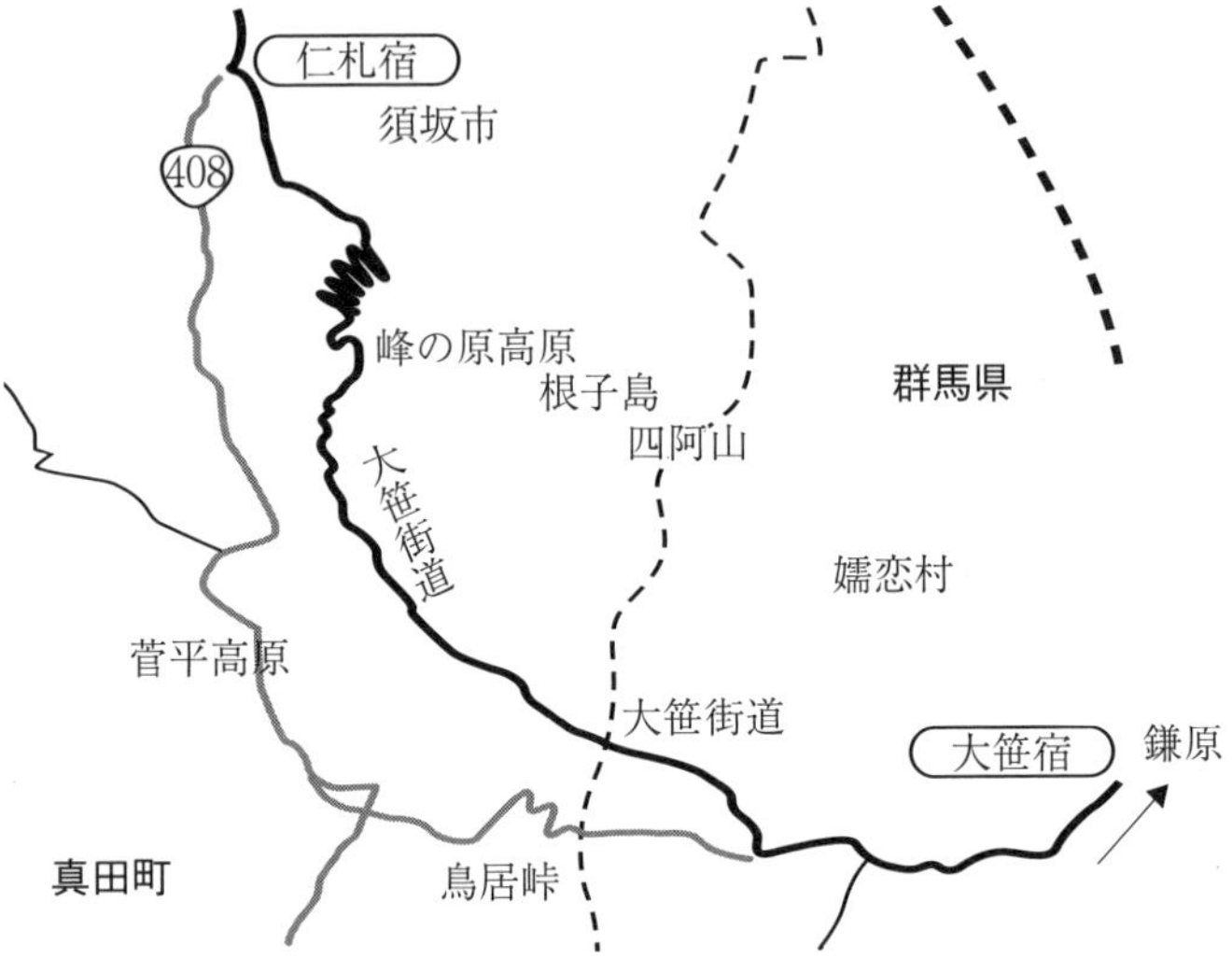

資料4-2　中山道の脇道の大笹街道
出典：浅間山火山博物館HP、2015年に一部加筆。

（資料4—3）。

（2）自助・互助の強い領民

さらに、街道の南方に鎌原神社（飯綱神社）や延命寺、北方に諏訪大明神が鎮座していたほか、街道沿いに高札《こうさつ》[12]があった。また、毎週のように六斎市《ろくさい》[13]が開かれ、各寺社の参道に露店が並んでにぎわっていた。

一方、村外れの南西の高台には人々が農耕馬の安全の祈願所として浄財を出し合い、806（大同元）年に創建された鎌原観音堂があった。現在の茅葺《かやぶ》きのたたずまいは1713（正徳3）年に建立されたものだが（写真4—7）、当時、人々の芝居の稽古場や演技場などとして

写真4-6　現在の大笹街道（一部国道408号線）
（右は移築された大笹関所：嬬恋村大笹にて）

使用され、村芝居が演じられていた(14)。

しかし、この大噴火の10～12分後、全領民のうち、483人(15)が土砂雪崩に家もろとも飲み込まれたり、火砕流や溶岩流で焼死したり、近くの吾妻川流域に流され、水死したりした(16)。

3　被災地の救助および復旧

(1)　生存者の自助と家族・領民の互助

この時代、各村では五人組制度(17)のもと、領民が頼母子講《たのもし》などの自助や互助により、〃ムラ社会〃を形成し、日々の安全・安心の確保のため、地域福祉に関わるさまざまな事業・活動に取り組んでいた。将軍は10代目の家治《いえはる》で、祖父の8代将軍、吉宗から嘱望され、学問や武芸にすぐれていたが、政治に疎《うと》く、かつ老中との協調性

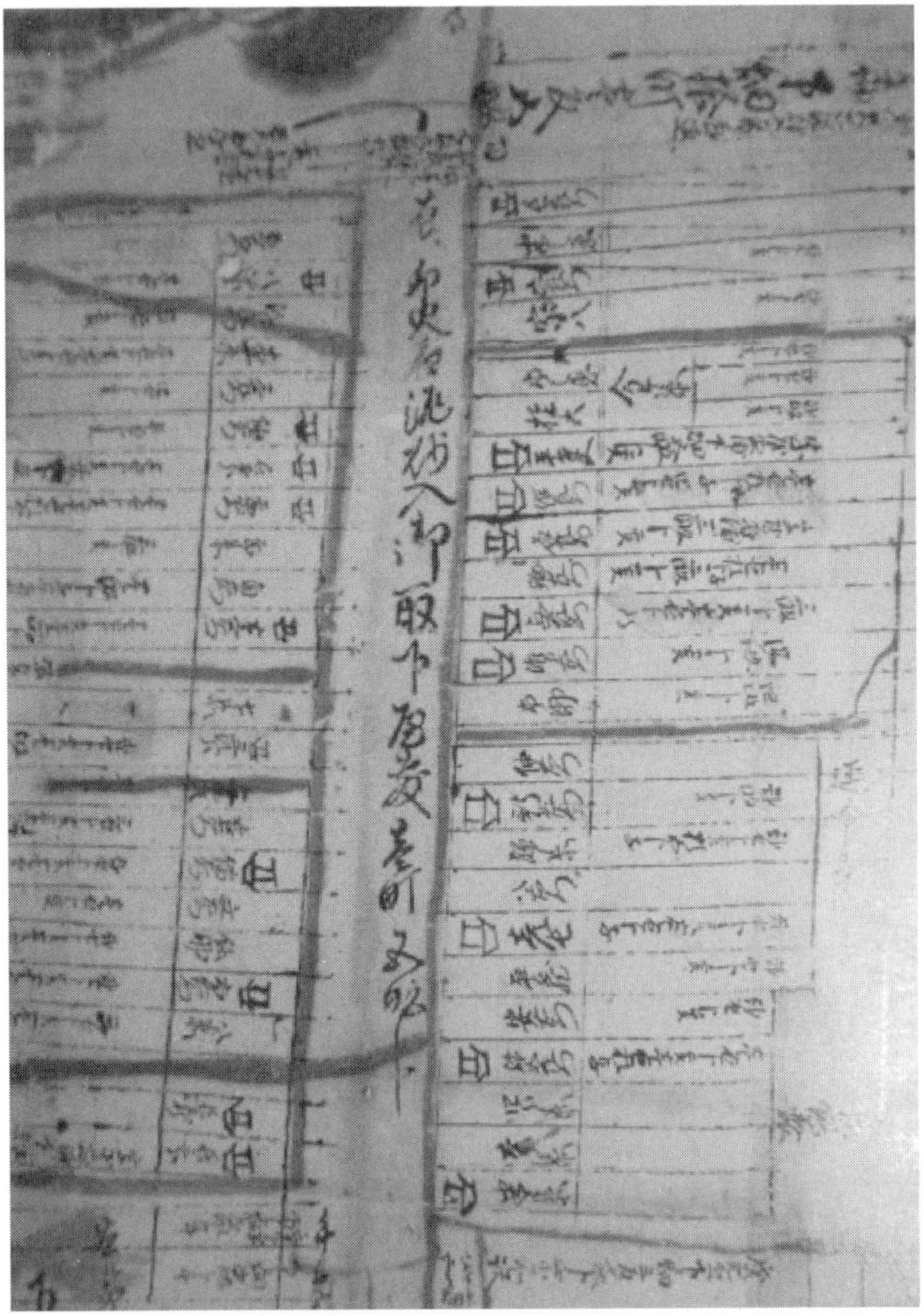

資料4−3　農家や旅籠、問屋なども軒を並べていた鎌原村
（中央は大笹街道）

資料：佐藤次熙《つぎひろ》氏所蔵（嬬恋村鎌原の佐藤氏宅にて）

写真4-7　現在の鎌原観音堂
（橋の下は当時の石段の一部：鎌原観音堂にて）

に欠けていたため、実権は御側御用人(18)の老中の田沼意次《おきつぐ》が握っていた。もっとも、幕府は各藩主や大名などの領主に対して課税する反面、領民に対する徴収権を認めていたため、各藩主や大名などの領主は領民から年貢米、商業、工業、漁業者から運上《うんじょう》(19)や冥加《みょうが》金(20)の一部を徴収し、財政を賄っていたが、貨幣経済はそれなりに活発であった。

そこで、鎌原村でも五人組制度のもと、領民個人の自助や家族・領民の互助により、六斎市をはじめ、鎌原観音堂の運営や村芝居を通じ、〝ムラ社会〟を形成し、日々の安全・安心の確保のため、さまざまな事業・活動に取り組んでいたが、この大噴火で辛うじて難を逃れたのは鎌原観音堂に避難したわずか93人(21)で、ほかにたまたま草津温泉などに行商に出かけていた21人だけだった。それ以外の領民はあっという間に土砂雪崩に家もろとも飲み込まれたり、火砕流や溶岩流で焼死したり、近くの吾妻川流域に流され、水死したりした。

資料4−4　鎌原観音堂の境内の手前で見つかった2人の遺骨

資料：嬬恋村郷土資料館所蔵

ちなみに、嬬恋村と群馬県教育委

写真4-8　復元された女性の顔
資料：鎌原観音堂所蔵

員会が1979（昭和54）年、学習院大学の協力を得て発掘調査した結果、このうち、2人の女性が鎌原観音堂の境内に逃げ込むべく、悲鳴をあげながら50段の石段の参道を駆け上がろうとしたものの、境内の手前の15段目で土砂雪崩に飲み込まれ、焼死した遺骨が見つかった（資料4－4）。

また、鑑定の結果、2人は身長145～149センチの45～65歳と同134～139センチの30～50歳で、いずれもミイラ化していたが、髪の毛や皮膚の一部などが残っていた。このため、若い女性が母親、あるいは近所の女性を背負い、石段の参道を駆け上がり、鎌原観音堂の境内に逃れようとしたものの、境内の手前で土砂雪崩に襲われ、寄り添うように倒れていたことが判明したが、領民の日ごろの自助や互助の真実を示すものだった（写真4－8）。

ともあれ、鎌原観音堂の境内に逃れた93人など生き残った領民114人は大噴火による地響きや燃え盛る山林、焦土と化した村を目の当たりに見て恐怖におののき、なすすべもなく、互いに身を震わせて寄せあうだけだった。それぱかりか、村の行く末を悲観して離村する者も出て、最終的に村に残ったのは55人となってしまった。

しかも、夫婦とも無事だったのは20組ほどにすぎず、あとは夫婦とも死亡したり、いずれかが残されたりした。高齢者のなかには同居していた子ども夫婦を亡くした者もいた。また、村政を担う地方三役のうち、名主(22)や組頭(23)も計6人死亡し、百姓代(24)1人だけが残ったため、村は存亡の危機に立たされた。

それでも、噴火活動が約3か月後、ようやく収束すると領民たちはやっと落ち着きを取り戻し、20〜40歳代の夫婦や父娘など総勢20人が被災地の一角に避難小屋2戸を建て、一部はこの小屋に移住するとともに家屋11軒を再建し、街道や家並み、農地の整地に乗り出すことになった。そして、配偶者を失った者同士は再婚、また、子どもを亡くした高齢者は親を亡くした子どもを養子に迎えるなど、身分の違いを超えて家族を再編、同年9〜12月までに計29組の再婚を実現し、そのなかから新たに百姓代と組頭を選び、山や田畑などの互いの地権を白紙に戻し、新たな共同体を築くことになった。

当時、血縁や地縁、あるいは君臣、父子、夫婦、本家と分家、大本百姓とその地主、小作人などといった上下尊卑や男尊女卑が常識だった。まして、婚姻は本人たちの意思よりも家の存続や子孫の繁栄のための手段として親同士が決めた相手とされていたため、婚姻するまで相手の顔を知らなかったことも珍しくなかっただけに、生存者の自助と互助は関係者を驚かせた。

その当時の惨事を「浅間山噴火大和讃」のなかで次のように詠《よ》まれている[25]。

「帰命《きみょう》頂礼《ちょうらい》鎌原の　月の七日の念仏を　由来を委《くわ》しく尋ぬれば　天明三年卯の年の四月初日となりければ　日本に名高き浅間山　俄かに鳴動初《はじ》まりて　七月二日は鳴り強く（中略）
あやめもわからぬ死出の旅　残り人数《ひとだね》九十三　悲しみさけぶあわれさよ　観音堂に集まりて　七日七夜のその間　呑《の》まず食《く》わずに泣きあかす（中略）
隣村有志の情《なさけ》にて　妻なき人の妻となり　主《あるじ》なき人の主となり　細き煙を営みて（以下、略）」

出典：前出・嬬恋村資料「鎌原観音堂」より一部抜粋・改変。

また、のちに幕府の普請の総括的な責任者として被災地の実地見分に当たった勘定吟味役、根岸九郎左衛門鎮衛《やすもり》は自著『耳袋』のなかでこう記している。

「（中略）夫を失いし女には、女房を流されし男をとり合わせ、子を失いし老人へは親のなき子をとり合わせ（中略）」

写真4-9　被災後、領民が再建した郷倉
（右の建物。左奥は鎌原神社。嬬恋村鎌原にて）

このほか、生存者たちは1788（天明8）年、鎌原神社の脇に郷倉《ごうくら》[26]を再建し、農作物の貯蔵庫として活用することにした。造りは被災前と同様、茅葺《かやぶ》きに土塗りした土蔵風で、間口が約2間（3・9メートル）、奥行きが1間半（3メートル）と、当時の郷倉としてはやや小ぶりだったものの、飢饉や災害時の農作物の備蓄には十分な建物だった[27]（写真4—9）。

（2）近隣の名主の共助

一方、近隣の大笹村の黒岩長左衛門（大栄）[28]、大前村（現嬬恋村大前）の大前五郎七、浅左衛門、干俣《ほしまた》村（同干俣）の干川小兵衛、大戸村（同吾妻町）の加部安左衛門の5人の名主は生存者の窮状をかんがみ、いち早く被災地に駆けつけ、握り飯をつくってたき出しを行ったり、村内の各所に御《お》

写真4−10　長左衛門が温泉を引いた水路の跡
（嬬恋村鎌原の上水道第一貯水池前にて）

救小屋《すくい》(29)を建てたり、自分の家や土蔵に保護したりした。また、地元の沼田、前橋、伊勢崎、高崎各藩に被災状況を報告するとともに、江戸に向かい、幕府に被災地の実況見分や食糧代の支給、御救普請(30)、年貢の減免を直訴した。

なかでも長左衛門はその中心的な存在で、大噴火によって北麓の森林に温泉がわき出たため、翌1784（天明4）年1月（同2月）、藩に願い出て私財を投じ、大笹村まで温泉を引いて湯小屋を建て、生存者を招いて癒《いや》した(31)。また、難を逃れた古井戸を飲料水として引き続き使うことができるよう、浅間山の山水を生活用水や農業用水として掘り進めた（写真4−10）。

それだけではない。再噴火しても溶岩などが少しでも小さくなるよう、願をかけるべく、歌人の太田南畝《なんぽ》(32)にそのむね碑文の刻印を依頼し、

写真4-11　長左衛門が再噴火をおそれ、建立した浅間焼け碑
（移築された嬬恋村鎌原の鬼押出し園にて）

建立を志した。もっとも、長左衛門はその目的を果たすことなく死亡したため、初志貫徹はならなかったが、その遺志を息子の長左衛門（佗澄）が継ぎ、１８１６（文化13）年、大笹宿の山間に高さ１８０センチ、幅20センチの岩の浅間焼け碑を建立した（写真４―11）。

このほか、長左衛門は１７９７（寛政９）年、干俣村万座《まんざ》（現群馬県嬬恋村万座）で硫黄、１８０３（享保３）年、草津村（同群馬県草津町）で鉄砂の試掘に関わり、その後の地場産業の振興にも貢献した。それというのも、長左衛門は娘を鎌原村の名主の妻として嫁がせるなど、村の縁者だったからだ。また、黒岩家は代々、大笹村で質屋や酒屋、問屋を家業として営んでいた旧家で、明治になって国鉄（現ＪＲ）吾妻線の敷設に伴い、街道が寂れた

写真4-12　被災者の救援の中心的な存在だった長左衛門の墓石
（中央。嬬恋村大笹の無量院にて）

ため、没落してキャベツを中心とした農業から畳職人へと生業を変え、現在に至っている。

その生家は明治に改築されているが、敷地の一部は今も街道沿いにたたずみ、墓も近くの無量院にある（写真4―12）。

また、当時の数少ない記録の一つ、『浅間山焼荒一件』によると、長左衛門は信濃国（現長野県）の善光寺で営まれた遭難者の施餓鬼《せがき》供養(33)の際、死者1人につき、1本ずつ経木を用意したと記しており、死者の供養に同寺まで出かけていたこともわかっている。

息子夫婦と墓守をしている20代目の直系の子孫の黒岩タキさん（77歳）は自宅から過去帖を取り出し、こう話す。

「黒岩家は私から数えて20代前の初代が上野国甘楽郡《かんらぐん》黒岩村（現群馬県甘楽町）から当地に移住し、間口が街道沿いに18軒分の広さの造り酒屋や問屋などを成業し、馬小屋もあった。鎌原村の城主だった鎌原氏に跡取りがいなかったため、長左衛門が娘を養女に出した。そのご縁もあったため、噴火直後、家にあった米13俵を炊き、おにぎりにして生存者にふるまったと聞いています。長左衛門の代々の襲名は明治になってやめ、家も改築しましたが、仏壇や鍵ダンスは当時の物。10年前まで鎌原地区の老人会の皆さんが長左衛門の墓参りにきてくれて、ありがたいことです」。

そして、現在の生活ぶりについては、「畳職人だった夫が昨年、病気で他界したため、息子が家業を継いでくれており、平穏な日々を送っています。関係史料は散在しないよう（群馬）県立文書館に寄贈し、何かの参考にしていただければ……」と物静かに話すが、１９８５（昭和60）年、近所で小火《ぼや》があった際、自宅前の火の見やぐらのサイレンを鳴らし、地元の消防団長と区長より感謝状を授与された。また、１９９２（平成４）年、長左衛門の献身的な救援活動に対し、やはり区長より感謝状をもらうなど、地域防災に対する先祖代々の同家の意識の高さは人一倍である（写真４―13）。

写真4-13　長左衛門の子孫、タキさんと明治に改築された生家
（嬬恋村大笹にて）

（３）藩および幕府の公助

一方、地元の沼田藩など各藩も名主からの報告を受け、江戸屋敷に詰めていた藩主を通じ、幕府に大噴火による被災地の実況見分や食糧代の支給、復旧工事の実施、年貢の減免を陳情した。

当時、武士は、その倫理や道徳は身分秩序を説く儒学（朱子学）

のもと、全国に約3000万人いたが、このうち、全体の6～10％にすぎなかった。また、幕府は各藩主を江戸へ参勤交代をさせるなどして支配する一方、士農工商という身分制度を設けていた。そして、農本主義政策のもと、各藩を通じ、農民に年貢米や助郷、普請を強制するなど徹底的に弾圧した。

しかし、その一方で各藩主に対し、各種の課税や徴収権を通じて自治権を与えていたが、領民同士における土地や田畑をめぐる利権利害もからみ、再開発した土地や田畑をどのように配分すべきか、話し合いは簡単にはまとまらなかった。また、領民が被災した際、地元の各藩は食糧の援助や富豪の協力を得て、生活資金の無利子融資や領民の頼母子講(34)などによる共助に当たることが一般的だったが(35)、沼田など各藩はいずれも小さな藩で財政難にあえいでいたため、このような共助は不可能だった。それでも、せめて被災状況だけでも幕府に知らせ、その生活再建や復旧を願い出た。

そこで、幕府は同月、とりあえず食糧代(36)として7両3分余り（現在の約58万円に相当）(37)を鎌原村に支給する一方、翌9～10月、勘定吟味方改役(38)の篠山十兵衛と仲田藤蔵を鎌原村に派遣し、実地見分させた結果、犠牲者の捜索や他の村への集団移転などは物理的にも困難だったため、断念せざるを得なかったものの、被災地の復旧をめざすべく、百回忌を迎えた同18日、岩鼻村（現群馬県高崎市岩鼻町）の代官を通じ、当座の資金として金100両（同800万円）を村に支給した。また、同年8月末、金200両（同1600万円）を拠出し、草葺きの家屋を被災地の一角に建設し、生存者を保護した。このほか、同年8～9月、被災者55人の食糧代のほか、農具代や家屋の建築費、田畑の再開発費、街道の整備費、移住者の引っ越し代として金850両（同6800万円）を追加支給した。

とはいえ、この浅間山の大噴火の76年前の1707（宝永4）年、富士山（標高3776メートル）を震源とするマグニチュード8・6～9の「宝永地震」と「宝永の大噴火」が発生し、死者こそ出なかったものの、山麓の静岡県東南部や関東一円で最高約3メートルの軽石や溶岩流などで田畑や宅地が埋まった。このため、幕府は翌1708（宝永5）年、全国の各藩に計40万両（約320億円）の拠出を命じ、被災地の復旧に当たったが(39)、その4年前に起きた1703（元禄16）年の「元禄地震」(40)の被災地への支援と重なり、かつてない財政悪化に陥っていた。

そこで、将軍に代わり、実権を握っていた田沼は熊本藩に対し、金12万両（同96億円）という巨費の支援金を拠出する大名手伝普請(41)を命じた。このため、熊本藩は国元の若年寄や御三家、老中などへ使者を送る一方、江戸詰めの大名衆などにそのむね伝えた。

その陣頭指揮に当たったのは御勘定吟味役の根岸九郎左衛門で、「浅間山焼(42)に付見分覚書」にこう記述している。

「この度浅間山焼にて、右の通り泥石等吾妻側へ押開候儀何れより湧き出るか。浅間絶頂ニ有之俗ニ御鉢と唱へ候所より湧こほれ候儀ニもござろう。または中腹より吹破候とも申候とも」

この熊本藩の大名手伝普請を受け、長左衛門ら名主たちは藩の支援金を資金に、近郷近在から総勢約300人を集め、1人1日当たり17文（約425円）を基準に御救普請代を支払うとの条件で雇い、翌1784（天明4）年1月までに溶岩流や火砕流、土砂雪崩の除去や田畑の掘り返し、新たな街道や集落の再開発に当たらせる一方、火砕流や溶岩流などの泥流による洪水で流された家屋や家財道具、材木、人馬などの後片付けや堤防の修復に努めた。

また、各村の領民の有志に対し、鎌原村への移住に協力してもらい、生存者の3倍以上の人口に増やすとともに、かつての街道や集落の配置にほぼ沿う形で街道を復元した。そして、街道の中央に生活用水と農業用水の水路を設ける一方、街道の両側に幅18メートルごとに新たに区割りをし、各戸に対し、平等に十間（間口18メートル）間隔に屋敷割りをして配置した。

具体的には、街道に面して家屋を東西に並列するよう、屋敷割りとし、屋根は従来と同じ兜《かぶと》造りの茅葺きにした。そして、床面積はそれぞれ約40坪（132平方メートル）と均一化し、内部に母屋や納屋、蔵などを配置し、その奥に畑や山林を配した。助郷などを務めた農家では土間続きの家屋の中に馬屋を設けた。そのうえで、その両側に家屋や店、旅籠を設け、各家屋の裏手に１区画当たり18平方メートルの田畑を開墾し、被災前の個人の土地所有の区分を白紙に戻し、被災者に均等に配分するなど利害関係を調整し、応急工事を終えた。もっとも、一面、大量の火山灰で覆われた荒れ地での改修とあって、やっと落ち着いて生活できるまでにはその後、15年の歳月を要した。

とりわけ、被災前、約90町（約27万坪：89万平方メートル）だったところ、４町５反（同１万３５００坪：４万４５５０平方メートル）まで減少した田畑は70年経った１８５３（嘉永６）年でも37町８反余り（11万３４００坪：37万４２２０平方メートル）と、全体の41％しか回復できなかった。しかも、高冷地で農作物を栽培するには土壌に恵まれなかったため、１８６０（安政７）年までの村の石高は約１２７石とほとんど変化がなく、領民の生活再建と被災地の復旧は生やさしいものではなかった。

また、人々に均等に配分された田畑とはいえ、あくまでも原則にすぎず、各戸の家族の人数や男女比、年齢構成、経済力などによっては違いもあった。このため、生活に行き詰まり、夜逃げ同然で離村したり、離婚したり、転業したり、心中したりする者もあるなど、被災者のその後の生活ぶりは悲喜こもごもで、復旧は一筋縄ではいかなかった。

それでも、街道の中央の水路はその後、同隅に移設されたものの、街道や家屋、旅籠、問屋などの家並みは噴火のあった同年、計11戸建築されたほか、田畑などからなる屋敷割り、さらに農家や旅籠、問屋などの間取りは以前と同様、計画的に整然と土地区画整理された家並みとなった。また、街道も被災前よりも沼田~草津間、さらには沓掛~草津間の人馬の往来や各種物資の輸送などによって隆盛をきわめ、中山道の脇街道（脇往還）としての重要性が増していった。

ただし、長引く新たな共同生活に嫌気がさしたり、復旧を急ぐあまりの作業に疲れ果て、些細《ささい》なことで言い争いを招いたりして離村する者もいないわけではなかった。このため、本格的な復旧にはその後、さらに12年かかったうえ、48年過ぎた1831（天保2）年でも40戸、計186人しか増えなかった。それればかりか、噴火後、86年経た1869（明治2）年でも40戸と変わらず、人口はむしろ167人に減ってしまった。

しかも、高冷地のうえ、復旧した田畑は火山性の砂礫《れき》が散在していたため、農作物は麦や粟、稗、蕎麦、馬鈴薯などしか栽培できなかった。このため、収入の不足分は助郷によって駄賃を稼いで生計を維持したが、大噴火の62年後の1847（弘化3）年になっても田畑や家屋は大噴火前のほぼ半分しか復旧せず、また、近隣の村から移住する者はほとんどなく、人口は一時、36戸、143人に転ずる始末だった。加えて、浅間山はその後も小規模の噴火を繰り返したため、人々は大惨事の再来を恐れ、被災当時の人口に戻ったのは大正になってからである(43)（写真4―14、写真4―15、図表4―2）。

しかし、1950（昭和25）年、185戸、526人、そして、1955（昭和30）年、194

写真4-14　往時をとどめる旧鎌原村
（嬬恋村鎌原の鎌原観音堂にて）

写真4-15　街道の両側に家屋や旅籠、店を設置し、再生した旧鎌原村
（背後は浅間山；嬬恋村鎌原にて）

図表4−2　鎌原村（現嬬恋村鎌原）の戸数と人口数の推移

1783（天明３）年	11戸	55人
1831（天保２）年	40戸	187人
1847（弘化３）年	36戸	143人
1856（安政６）年	35戸	175人
1867（慶応６）年	41戸	190人
1868（明治元）年	41戸	200人
1920（大正５）年	115戸	640人
1950（昭和25）年	185戸	526人
1955（昭和30）年	194戸	1,122人
1975（昭和50）年	197戸	997人
1994（平成７）年	527戸	1,572人
2000（平成12）年	90戸	1,686人
2005（平成17）年	755戸	1,942人
2010（平成22）年	777戸	1,935人

出典：南雲栄治「浅間火山北麓における鎌原村の歴史地理学的研究」『歴史地理学紀要』23、1981年、嬬恋村「平成24年統計書」2012年、嬬恋村「平成26年　統計調査結果　嬬恋村統計書」2015年より筆者作成。

戸、1122人と大台に乗せ、その後、一時、減ったものの、再び増加に転じ、2010（平成22）年現在、777戸、1935人となり、「明治の大合併」で大笹、大前、干俣など10村と合併し、嬬恋村と再編された全人口の約17％を占め、全地区で最多となっている。また、新生・嬬恋村は軽井沢と草津温泉との中間に位置するため、その後、高原キャベツの栽培地として、さらに別荘やゴルフ場、スキー場などのリゾート地として復興した。

また、長左衛門ら近隣の名主の共助と藩や幕府の公助により、浅間山の山水を利用した水路は現在、鎌原地区の上水道第一貯水池の水源として利用されている（写真4―16）(44)。

それだけではない。生存者個人の自助や家族・領民の互助、近隣の名主の共助、藩および幕府の公助による被災地復興という史実がメディアを通じ、「日本のポンペイ」(45)として報道されて以来、鎌原観音堂は〝厄除け観音〟として多くの参拝者や観光客が各地から訪れるようになった。また、生存者の子孫など縁者も230年経った現在も「天明の大噴火」のあった毎年8月5日、鎌原観音堂の境内で供養祭を営み、先祖を慰めている（写真4―17）。

また、これに先立ち、1868（明治元）年、犠牲者を慰霊する「廻り念仏講」を始め、以後、厳冬の2月を除く毎月7、16日に実施しているほか、180回忌に当たる1962（昭和37）年、下流の同県伊勢原市戸谷塚の犠牲者を慰霊する現地の「夜泣き地蔵」の前で合同の供養祭をするなど、地元の関係者と交流を深めている。さらに、犠牲者から数えて5～9代目に当たる生存者

写真4−16　当時の水路を水源にした上水道第一貯水池
（嬬恋村鎌原にて）

写真4−17　毎年8月、鎌原観音堂の境内で営まれる供養祭
（鎌原観音堂での供養祭にて）

写真4-18　参拝者を接待している鎌原観音堂奉仕会の会員たち
（鎌原観音堂のお籠り堂にて）

の子孫など縁者は１９７９（昭和55）年、鎌原観音堂奉仕会（宮崎典雄会長、約40人）を発足し、会員が毎日、交代で４～５人ずつ隣のお籠《こも》り堂《どう》に昼食を持参して詰め、観音堂の参拝者の接待に当たっている（写真４―18）。

一方、同村は２０１５（平成27）年、噴火警戒レベルが「１（平常）」から「２（火口周辺規制）」に引き上げられたため、火口から半径４キロメートル以内の立ち入り禁止を継続するとともに火口周辺にテレビカメラ２基を設置し、東京大学地震研究所・浅間火山観測所と24時間体制で監視している。併せて地域防災計画を改定し、周辺の６市町村とともに避難経路や避難所を盛り込んだ「浅間山火山防災（ハザード）マップ」も作成し、住民や別荘所有者に配布し、日々の安全・安心の確保のため、周知徹底を図っている。

このようななか、日本創成会議（増田レポート）により、同村は2040（平成52）年、人口が4010人に減少し、消滅可能性自治体の一つとして名指しされた。このため、政府の地方創生を受け、2015〜2019（平成27〜31）年にわたる「嬬恋村まち・ひと・しごと創生総合戦略」を策定し、2040（平成52）年でも8415人にとどめるべく、少子高齢化および人口減少に伴う過疎化や地域活性化に取り組み、その持続可能な発展をめざしている。

また、これに先立つ2014（平成26）年、地域福祉計画を同村社協の地域福祉活動計画と一体的に策定し、一人暮らし高齢者へのひと声訪問など見守りや安否確認、災害時要援護者（要配慮者）支援台帳を作成し、健常者と〝災害弱者〟とのネットワークを図っている。このほか、2016（平成28）年の熊本地震に際し、「天明の大噴火」における先祖の生活再建や被災地の復興に協力した熊本藩にちなみ、鎌原地区あげて同市に義援金約50万円を熊本市に送金した。

その陣頭指揮に当たった山崎幸蔵区長（63歳）は「地元で観光ボランティアをされている宮崎光男氏の発案で集めたものだが、熊本のみなさんには先祖が本当にお世話になったので南阿蘇村に送金させていただいた。東日本大震災のときも被災地の宮城県蔵王町にペットボトル入りの飲料水を満載して大型トラックで運び、喜ばれました」と語ってくれた。

また、鎌原観音堂奉仕会は同震災の被災地、宮城県南三陸町から「毎年夏、現地で営む『第6回三陸海の盆』で災害の厄除けの祈願を」と請われ、2016（平成28）年夏、60〜80歳代の会員の有志約20人がバスで約6時間かけて訪れ、浅間山大噴火の犠牲者を慰霊する「廻り念仏講」を唱えた。そこには、230年経った今なお、生存者の子孫たちの絆が強く受け継がれ、また、長年にわたる防災活動に対する高い評価を関係方面から受けているのである。

【注】

(1) 浅間山は複合火山で、第一外輪山は黒斑山《くろふ》(標高2404メートル)、牙山《ぎっぱ》(同2111メートル)、剣ヶ峰(同2281メートル)、第二外輪山は前掛山(同2524メートル)などを持つ三重式火山。最高峰は釜山(標高2568メートル)。

(2) 地震の規模。

(3) 地下のマグマが発泡し、膨大な噴石や火山灰、火山ガスを噴出する噴火。古代都市、ポンペイを廃墟と化したイタリア・ナポリ湾岸のヴェスヴィオ山(同1277メートル)の噴火の状況を書き残したローマの博物学者、ガイウス・プリニウスとその甥《おい》の名前にちなむ。

(4) 1815(文化12)年、33回忌の様子を刻印した供養碑では477人とされている。

(5) 幕府が街道の宿場の保護や人足、馬を徴用するため、宿場周辺の村落に課した夫役。

(6) 1782~1788(天明2~8)年、東北地方の農村を中心に発生した飢饉。江戸四大飢饉の一つといわれ、杉田玄白の『後見草』によれば全国で数万人が餓死し、近世史上、最大の飢饉となった。

(7) 95戸との説もある。

(8) 小規模な宿。

(9)年貢米などの物資を馬で運搬する請負業者。
(10)仲居兼売春婦。
(11)京都や大阪をはじめとした近畿地方。
(12)幕府や藩が法令などを版画に記し、領民に周知した掲示板。
(13)仏教の思想にもとづき、1か月のうち、8日、14日、15日、23日、29日、30日の6日を六斎日として月に6回行われる仏教関係の行事。村の振興などのため、定期的に開かれた。
(14)嬬恋村資料「鎌原観音堂」発行年不詳。
(15)464人、466人、477人との説もある。鎌原観音堂の参道の入り口に黒岩長左衛門ら近隣の名主などの共助により村が設置した「浅間押し供養碑」に464人の名が刻まれている。
(16)『鎌原村流死人戒名帳』萩原史料5―325。
(17)幕府の命令を受けた領主が領地をいくつかの組に地域割りし、各組ごとに領民の実力者5人からなる組を編成、日常生活上の互助や治安維持などに当たらせ、配下に置いた行政組織。
(18)将軍の側近として仕え、その命令を老中に伝達したり、老中からの上申などを将軍に取り次いだり、将軍に意見を具申したりする要職。待遇は老中に準ずるが、権勢は老中をしのいだ。柳沢吉保もその一人。
(19)山野や河川、海などを利用し、営業の免許を受けて事業を行う者に対し、一定の税率を定めて課した税金。
(20)山野や河川、海などを利用して営業の免許を受けて事業を行う業者で、一定の税率等を定めず、必要に応じて物納させる謝礼の意味の金品。
(21)51人、または61人、もしくは95人という記録もある。

(22) 郡代や代官のもとで村政を担当する村の首長だが、身分は百姓。西日本では庄屋、東北や北陸では肝煎《きもいり》と呼称。

(23) 地方三役の一つで、名主の補佐役。年寄ともいう。村の百姓を代表し、村入用や負担の割付などに立ち会い、名主や組頭などの村政の運営を監視した地方三役の一つ。

(24) 地方三役の一つで、名主や組頭の村政上の不正を防止したり、監視したりする役職。名主や組頭と併せ、地方三役の一つ。

(25) 嬬恋村資料「鎌原観音堂」発行年不詳。

(26) 領主が幕府の指示を受け、飢饉や災害時、困窮する領民に穀物を与えるため、村ごとに設置させた倉。収穫期に前年の分を詰め替え、その年の貯蓄分にさせた。

(27) この郷倉は「天明の大噴火」を記録する貴重な建物であるため、嬬恋村は２００７(平成19)年、村の重要文化財(建造物)に指定した。

(28) 名主など地域の有力者は苗字帯刀を幕府より認められていたため、９代目の長左衛門らも黒岩の苗字があった。これに対し、一般の領民は苗字は認められず、名前だけだった。

(29) 地震や火災、洪水、飢饉などの災害時、被災者を保護、救助するため、幕府や藩などが建てた救済施設。

(30) 飢饉や米価の高騰、自然災害などの際、幕府が生活苦の領民に雇用創出を図り、救済をめざす公共事業。

(31) 萩原進「大笹湯開業に付申合せ結果申報書」(萩原史料５―２０６)。

(32) 江戸狂歌の第一人者。別号、蜀山人など。

(33) 死者に供物を備え、慰霊する盆行事。施餓鬼会《せがきえ》ともいう。

(34) 身分や地域に問わず、大衆的な金融手段とした相互扶助。無尽講《むじんこう》ともいわれた。

(35) 坂田正顕「近世相馬中村藩の災害史における地域復興についての一考察」『エイジレスフォーラム(第13号)』シニア社会学会、2015年などによると、火山災害ではないが、浄土真宗大谷派、同本願寺派が1810(文化7)年ごろ、「天明の大飢饉」で被災した北陸の領民を相馬中村藩(現福島県相馬市)に移民させ、救済する一方、現地の農業の荒廃を防止したという。
(36) 領民が日常的な生産活動をしていくうえで必要な塩など、一部の食料や農具などに充てる食費。
(37) ここでは多数説に従い、1両当たり現在の8万円と計算しているが、江戸の中期から後期によっては5万~18万円と貨幣価値が変動したという研究者もいる。
(38) 幕府の老中に属し、勘定所の事務全般の監査に当たる勘定吟味役のもと、藩の会計監査の公文書を再吟味する役。
(39) この被災地の復旧と被災者の救助、生活再建のため、生存者個人の自助や家族・領民の互助、幕府や代官、伊奈忠順《ただのぶ》の公助はあったが、鎌原村の被災者における「骨肉の一族」のような生存者個人の自助や家族・領民の互助、近隣の名主の共助はなかった。
(40) 相模トラフの千葉県・房総半島南端を震源とするマグニチュード7・9~8・5の巨大地震で、千葉県など関東一円を襲い、約3万7000人が被災したと推定されている。元禄関東大震災ともいう。
(41) 幕府が諸藩主に命じて行わせた大規模な土木建築工事。元々は豊臣政権の時代に導入されたもので、大坂(大阪)城や京都・聚楽第、奈良・大仏殿、伏見城などの築城や造営の際、徴用された。江戸時代では江戸の城下町の建設や江戸城(現皇居)、彦根城、名古屋城、駿府(現静岡市)城などの築城の際、各藩主が普請を命じられた。これらの城の堀の石垣に藩主の刻印がみられるのは各藩主が幕府への忠信を示すため、残したものである。

(42) 当時の人々の浅間山「天明の大噴火」に対する呼称。

(43) 前出「浅間山北麓における鎌原村の歴史地理的学研究」『歴史地理学紀要』p.273～283。

(44) 嬬恋村「嬬恋村水道記念碑」。

(45) イタリア・ナポリ郊外にあった古代都市、ポンペイが79年、ヴェスヴィオ山の大噴火による火砕流のため、約2万人の人々が人家もろとも地中に埋もれ、死亡して古代都市がそっくり壊滅した惨事。その一部は「世界遺産」に登録されている。

第5章

浅間山大噴火被災地復興の教訓

1　日本の地勢、過去の災害および公助・自助・互助・共助の現状

（1）日本の地勢

第4章で日本における地域福祉源流の真実は、江戸時代、浅間山の「天明の大噴火」における被災地復興にみる藩および幕府の公助、生存者個人の自助、家族・領民の互助、近隣の名主の共助からなるベストミックスの地域福祉によるものだったことを紹介した。

そこで、最後に、第5章ではこれを教訓に、今後、公助、自助、互助、共助からなるベストミックスの地域福祉により、どのように防災福祉コミュニティを形成すべきか、提言して結びとしたい。

まず、日本の地勢だが、国土の約7割が山岳部や森林で、かつ太平洋プレート（岩板・岩盤）

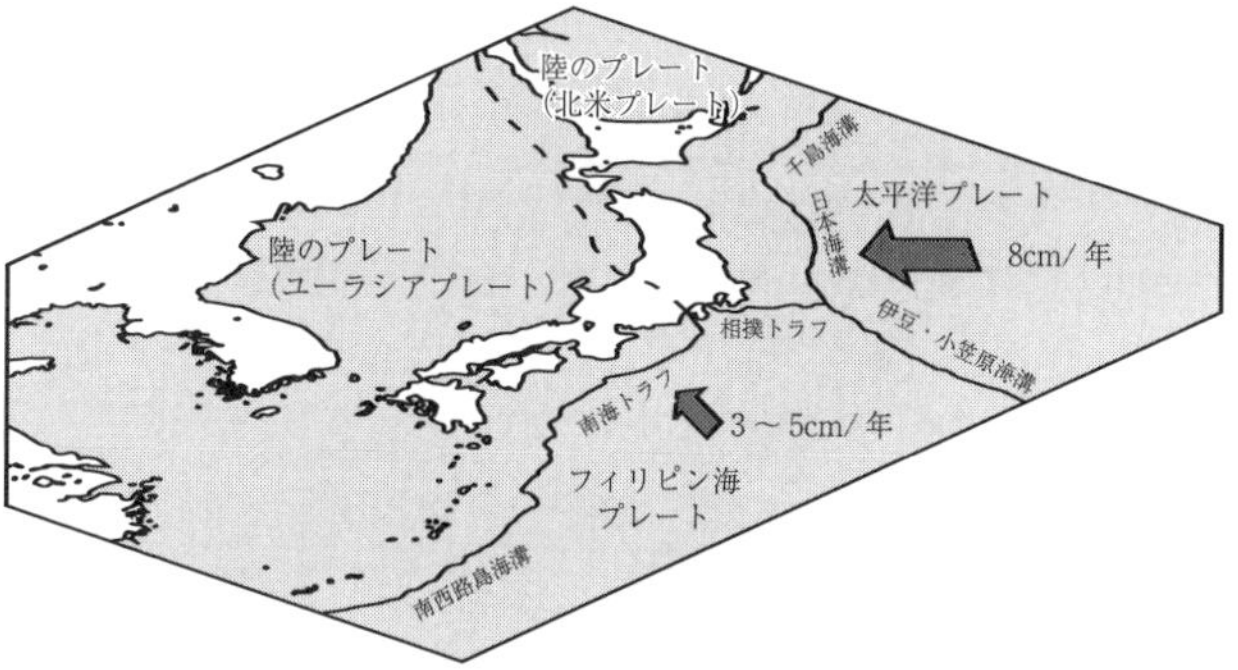

資料5-1　日本列島周辺のプレート
出典：気象庁HP、2016年。

やフィリピン海プレートが北米プレートやユーラシアプレートに向け、年間数センチ沈み込んでいるため、世界有数の地震多発地帯となっている（資料５―１）。そのうえ、活断層が約２０００以上もあり、都市圏だけみても北海道や中国地方の一部、沖縄県を除けば各地に隈《くま》なく広がっている。

また、その上に活火山が富士山を筆頭に１１０もある。しかも、これらの活火山のうち、常時観測が必要なものは50と世界でもまれにみる〝火山列島〟となっている[1]（資料５―２）。

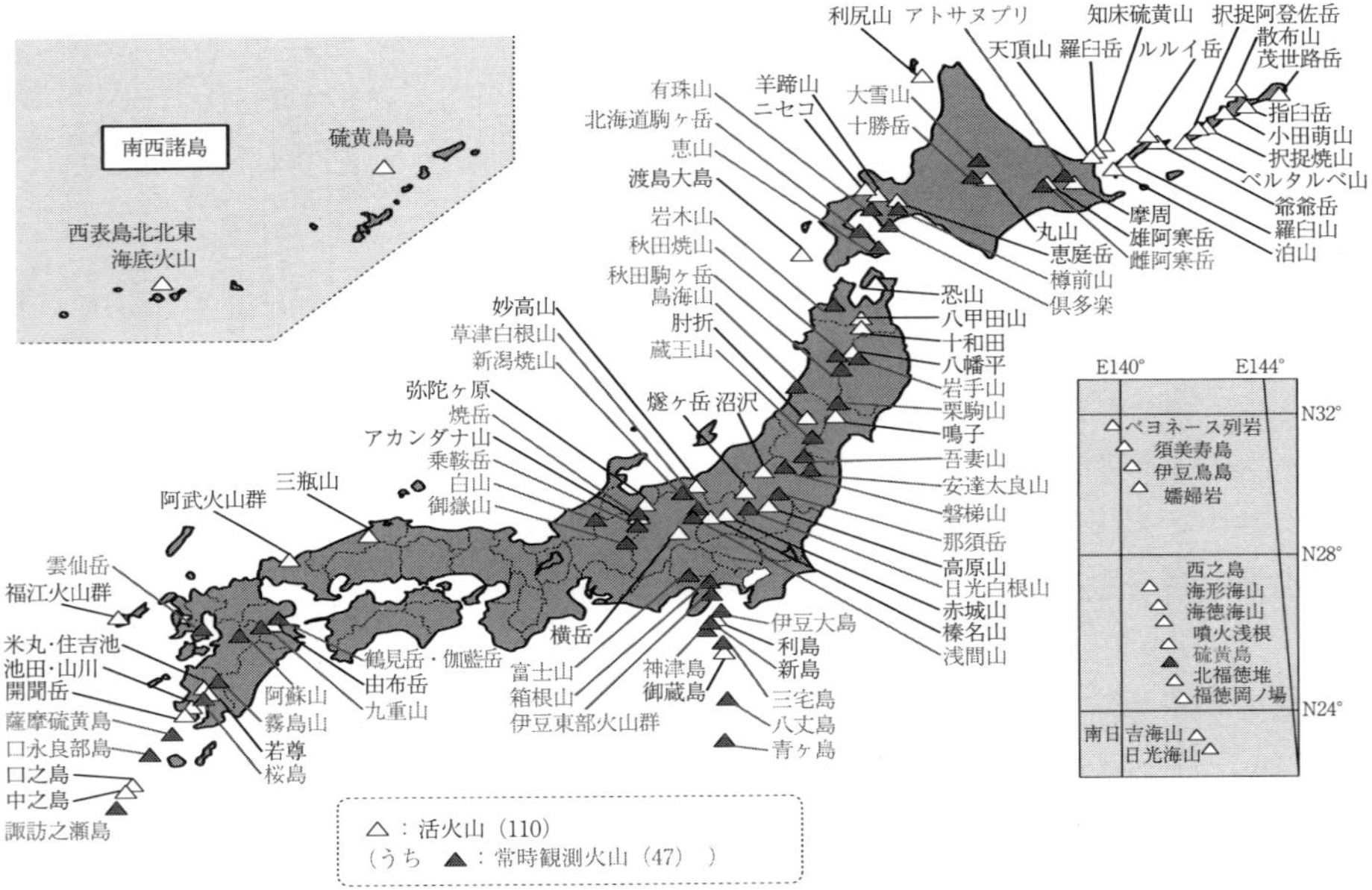

資料5-2　活火山の分布

出典：内閣府HP、2016年。

（2）過去の災害

このような宿命にあるとあって、有史以来、数々の地震や津波、火山の噴火などによる自然災害が発生している。

その主なものをみてみると、まず１２９９（正安元）年の鎌倉地震で死者が２万３０００人以上に達した。その後、１８５４（嘉永7）年の安政東海地震でマグニチュード（2）８・４の地震が起き、津波や火災によって死者計1万４０００人余りを出した。

また、その翌１８５５（安政2）年の安政江戸地震は東京・荒川河口付近を震源とするマグニチュード６・９の直下地震で、江戸市中の大半が被災し、深川（現台東区）、本所（同墨田区）、下谷（同台東区）、浅草（同台東区）などで武士や町民など７０００人が死亡した。このほか、１７９２（寛政4）年の雲仙普賢岳（標高１５００メートル）噴火では津波も起こり、死者約１万５０００人を出した。

このような災害は明治に入ってからも各地で頻繁に発生しており、１８９１（明治24）年の濃尾地震はマグニチュード８・４の直下地震で死者７４６６人、１９２３（大正12）の関東大震災（大正関東地震）ではマグニチュード７・９の激震が関東一円を襲い、死者約9万９０００人、行方不明者4万３０００人を数えた。さらに、これに先立つ１８９６（明治29）年の明治三陸（沖）地震では岩手県三陸沖の海底でマグニチュード７・６の地震が発生し、津波で計約2万７０００

写真5−1　20年経った今も復興が道半ばの阪神・淡路大震災の被災地（神戸市長田区の大正筋商店街にて）

人の死者を出した。

また、第二次世界大戦後間もない1948（昭和23）年、福井地震が発生し、3769人の死者・行方不明者を出したほか、1944（昭和19）年に東南海地震、1945（昭和20）年に三河地震、1946（昭和21）年に南海地震が相次いだ。1959（昭和34）年には伊勢湾台風が来襲し、5000人を超える死者・行方不明者を出した。

なかでも都市機能をマヒさせたのは1995（平成7）年のマグニチュード7・3の阪神・淡路大震災で、神戸市は震度6〜7を記録し、死者4571人、行方不明者3人、負傷者1万4678人に上った（写真5—1）。

また、2011（平成23）年には東日本大震災が起こり、死者・行方不明者計2万262

9人を数えたほか、つい最近でも2016（平成28）年の熊本地震で50人が亡くなった。

一方、火山噴火も頻発している。1888（明治21）年の磐梯山（同1819メートル）噴火で死者462人、1902（明治35）年の伊豆鳥島（同394メートル）噴火で全島民の125人が死亡した。

また、1990・1995（平成2・7）年、雲仙普賢《ふげん》岳噴火で火砕流が発生し、住民やメディア、研究者ら関係者計43人が死亡、または行方不明になったほか、2015（平成27）年、御嶽山（同3067メートル）噴火で58人が死亡、5人が行方不明となった。そればかりか、東日本大震災に誘発されてか、ここ数年、蔵王山（同1841メートル）や吾妻山（一切経山：同1949メートル）、浅間山、草津白根山（同2171メートル）、箱根山（同1438メートル）、桜島、阿蘇山（同1592メートル）、霧島山・新燃岳（同1421メートル）などが小規模の噴火を繰り返しており、一部で「噴火警戒レベル」(3)が引き上げられたところもある。

それだけではない。1995（平成7）年、茨城県・東海村JOC(4)臨界事故で死者2人を出したほか、2011（平成23）年、東京電力福島第一原発事故が発生、メルトダウン（炉心溶融）に陥り、住民約16万人に避難指示が出された。その後、一部で帰還困難区域が解除されたが、除染が不十分なうえ、商店や医療施設はいまだに閉鎖されたままのため、住民の大半は全国各地で避難生活を余儀なくされたままなど、原発災害という人知の及ばない新たな災害が起きている始

図表5-1　過去の主な災害

416（允恭５）年	内地震
599（推古７）年	大和の地震
1201（建仁元）年	東国大暴風雨
1293（正応６）年	鎌倉地震
1299（正安元）年	鎌倉地震
1410（応永17）年	那須岳噴火
1596（慶長元）年	近畿地方地震
1611（慶長16）年	会津地震
1640（寛永17）年	北海道駒ケ岳噴火
1677（延宝５）年	関東・磐城《いわき》地震
1703（元禄16）年	元禄大地震
1707（宝永４）年	富士山宝永地震
1739（安永２）年	桜島御岳噴火
1751（寛延４；宝暦元）年	越後高田地震
1783（天明３）年	浅間山噴火（天明の大噴火）
1785（天明５）年	青ヶ島丸山の噴火
1792（寛政４）年	雲仙普賢岳噴火
1828（文政11）年	子年台風《ねのとしのおおかぜ》・越後三条地震
1847（弘化４）年	上信越地震
1854（嘉永７）年	安政東海地震
1855（安政２）年	安政江戸地震
1888（明治21）年	磐梯山噴火
1891（明治24）年	濃尾地震
1896（明治29）年	明治三陸（沖）地震
1902（明治35）年	伊豆鳥島噴火
1923（大正12）年	関東大震災（大正関東地震）
1933（昭和８）年	昭和三陸（沖）地震

1934（昭和９）年	室戸台風
1943（昭和18）年	鳥取地震
1944（昭和19）年	東南海地震
1945（昭和20）年	室戸台風・三河地震
1947（昭和22）年	カスリン台風
1946（昭和21）年	南海地震
1948（昭和23）年	福井地震
1958（昭和33）年	狩野《かの》川台風
1959（昭和34）年	伊勢湾台風
1961（昭和36）年	第二室戸台風
1965（昭和40）年	新潟地震
1968（昭和43）年	十勝沖地震
1974（昭和49）年	伊豆半島沖地震
1978（昭和53）年	伊豆大島近海地震・宮城県沖地震
1983（昭和58）年	日本海中部地震
1984（昭和59）年	長野県西部地震
1990・1995（平２・７）年	雲仙普賢岳噴火
1993（平成５）年	北海道南西沖地震
1995（平成７）年	阪神・淡路大震災（兵庫県南部地震）・東海村JOC臨界事故
2004（平成18）年	関西電力美浜発電所3号機蒸気噴出事故
2007（平成19）年	新潟県中越（沖）地震
2011（平成23）年	東日本大震災（東北地方太平洋沖地震）・東京電力福島第一原子力発電所事故
2015（平成27）年	御嶽山噴火
2016（平成28）年	熊本地震

出典：荒川秀俊・宇佐見龍夫『災害』近藤出版社、1985年などに一部加筆。

末である（図表5―1）。

しかも、この福島第一原発事故が発生後、早5年経ってもいまだに収束していないにもかかわらず、この事故を教訓に稼動を停止していた九州電力川内《せんだい》原発、四国電力伊方《いかた》原発はともに「新たな規制基準をクリアした」とし、相次いで再稼働している。さらに、関西電力高浜原発や中部電力浜岡原発なども再稼動を急いでおり、予断を許さない。

このようななか、向こう30年以内にマグニチュード8～9クラスの首都直下地震や東海、東南海、南海トラフ巨大地震の発生率が70％で、富士山が誘発されて噴火するおそれもあるといわれており、不安はつのるばかりである。

（3）公助・自助・互助・共助の現状

①　政府および自治体

そこで、このような災害に対する公助、自助、互助、助の現状だが、まず公助では、政府は1961（昭和36）年、伊勢湾台風を教訓に災害対策基本法を制定した。以来、これを基本法に地震や津波、土砂災害、水害、火山災害にも対応するため、地震防災対策特別措置法をはじめ、大規模地震対策特別措置法や活動火山対策特別措置法などを制定し、大規模な地震による災害から国民の生命や身体、財産を守るべく整備している。

また、東日本大震災を受け、2014（平成26）年1月、防災基本計画を改定し、一般の被災者を対象とした被災者台帳を作成、負傷者や家屋の倒壊などへの救援、義援金や支援金の支給などを効率的に行うとともに、災害時、自力で避難することが困難な高齢者や障害者、児童、妊婦などの要援護者の安否確認や避難所への誘導をするよう、すべての各都道府県および市町村に対し、地域防災計画を大幅に見直し、その具体的な検討と実施を指示している。

また、予防対策として、国土形成計画法や建築基準法、耐震改修促進法、発災および被災後の応急・災害復旧、財政金融措置として災害救助法や被災者生活再建支援法などを制定し、内閣府をはじめ、防災担当大臣や中央防災会議が防災に関する政府の方針を策定し、消防庁や警察庁、国土交通省、自衛隊、海上保安庁、気象庁により災害時の捜索や救命救急、救助、復旧、復興を図るべく、すべての各都道府県および市町村に対し、それぞれの被災状況に応じ、被災者の救援や補償、生活再建、被災地の復旧・復興に努めている。

そして、万一、被害が出た場合、災害救助法にもとづき、応急仮設住宅など収容施設の供与や食料や飲料水の供給、衣類や寝具の貸与、被災者の救出、住宅の応急修理、医薬品や学用品の給与、遺体の捜索・処理、瓦礫《がれき》の除去、生業に必要な資金の貸付などに努めることにしている。そのうえで、都道府県知事および市町村長に対し、建築確認や条例による建築上の規制、防災施設の設置管理、災害発生時の状況の把握・救援・災害の復旧、防災情報の発表・周知、救助・救援活動の補助、自衛隊および日本赤十字社救護班の派遣を求めるほか、甚大な災害における費用負担の拡大などを図っている。

これを受け、都道府県は知事を会長とする都道府県防災会議、市町村は市町村長を会長とする市町村防災会議をそれぞれ設置し、当該地域において災害が発生、またはそのおそれがあり、かつ防災の推進を図るうえで必要があると認めた場合、災害対策本部を設置し、政府と連携して必要な措置を講ずることになっている。

一方、火山災害について、政府は防災基本計画、および「噴火時等の避難に係る火山防止体制の指針」にもとづき、都道府県および市町村や気象台、火山学者などで構成する火山防災協議会を設置し、「噴火警戒レベル」に応じ、万全の措置を講ずるよう、すべての各都道府県および市町村に、指示しており、活火山を抱える都道府県および市町村はこの指示を受け、火山対策協議会を設置し、万一に備えている。

また、原発事故との関連では、政府は福島第一原発事故を受け、原子力規制委員会を設置し、国内にある54基の原発すべてを停止し、活断層が敷地内にあれば廃止、また、40年経過した原発は新たな安全（規制）基準の審査に合格した場合のみ例外的に20年、再稼動の延長を認める、さらに、火山の噴火による影響も評価すべく、「火山影響評価ガイド」をまとめ、原発から半径160キロ圏内に1万年前以降、火山活動があったのかどうか、古文書や地質調査で確認、将来、火山活動のおそれがないのかどうか評価し、溶岩流や火砕流が原発に流れ込む可能性があれば「立地不適」とし、原発の運転を停止する。このほか、火山の噴火や津波による影響を加味し、この新安全（規制）基準の審査に合格しなければ原発を再稼働することはできないよう改め、原子力規制委員会に調査を依頼した。

いずれにしても、大規模な災害時、首相官邸内に官邸危機管理センターおよび政府対策本部を設け、警察庁や国土交通省、自衛隊、海上保安庁、気象庁、電力会社などと連携し、非常事態に備えることになっている（図表５―２）。

②　民間事業者および国民・住民

一方、自助・互助では、政府および自治体は国民・住民に対し、町内会や自治会、自主防災会、消防団、水防団、婦人防火クラブへの参加や避難所の確認、備蓄の実施、災害時要援護者（要配慮者）台帳の作成、防災訓練および防災教育などへの取り組みについて啓発している。このため、国民・住民も防災用品や最低３日分の食料・飲料水の備蓄、簡易トイレなどの常備、避難所および避難経路、家族の連絡場所の確認、市町村地域防災計画などを教材にした学習会などを通じ、自助や互助に努めつつある。

一方、共助では、政府は阪神・淡路大震災を機に、この年を「ボランティア元年」と位置づけ、特定非営利活動法人法（ＮＰＯ法）を制定したほか、学校教育のなかにボランティア教育を導入

図表5-2　災害対策の法制度と行政の関係

法　令	組　織	対象・役割
災害対策基本法	内閣府、防災担当大臣、中央防災会議	防災基本計画などの防災に関する政府方針の策定、大規模災害への対処
消防組織法	消防庁、消防本部、消防団	災害時における警防、救急、救助および、建築物等への防災指導・査察などの災害予防活動
警察法	警察庁、警察本部	災害時における警備、捜索、治安維持
国土交通省設置法	国土交通省	道路、鉄道、橋梁、港湾、ダム、堤防、空港などの社会資本の管理復旧
防衛省設置法、自衛隊法	防衛省・自衛隊	救助・復旧支援を目的とした災害派遣など
海上保安庁法	海上保安庁	水難・海難時における救助、災害時における航行支援
水防法	水防団	水害時における防御、治水施設における水害予防活動
気象業務法	気象庁	天気予報、気象災害・土砂災害の警報、火山・地震の監視
建築基準法、消防法	国土交通省・消防庁	建築物の耐震基準（構造耐力）設定、地盤強度（地耐力）基準設定、消防用設備設置基準や防火性能の設定、都市計画上の建築制限
都市計画法、都市再開発法、土地区画整理法	国土交通省・総務省・自治体	都市計画や再開発事業、土地区画整理事業における防災用途地域の設定、防災機能の強化
宅地造成等規制法、砂防法、急傾斜地法、地すべり等防止法、土砂災害防止法、森林法	国土交通省・自治体など	土砂災害防止施設の設置基準設定、危険区域の設定、危険区域における造成規制、保安林の設定
大震法、東南海・南海地震特措法、日本海溝・千島海溝地震特措法	対象地域の関係機関、住民	大規模地震発生が予想される地域における対策の強化、（東海地震の）地震予知時の対応

法　令	組　織	対象・役割
消防法	自衛消防組織	一定規模以上の危険物を扱う事業所における消防組織編成
石油コンビナート等災害防止法	自衛防災組織	石油コンビナートなどの大量の石油を扱う事業所における消防組織編成
原子力災害対策特別措置法	原子力防災組織	原子力施設における消防組織編成
活動火山対策特別措置法	内閣府、防災担当大臣、火山防災協議会	避難施設、防災営農施設等の整備及び降灰除去事業
災害対策基本法	自治体（都道府県・市町村）・自主防災組織	建築確認、条例による都市計画上・建築上の規制、防災施設の設置管理、災害発生時の状況把握・救援・災害復旧、防災情報の発表周知
災害救助法	都道府県	災害時の救助・救援活動の補助。自衛隊の災害派遣、日本赤十字社の救護班派遣、国への費用負担などの要請
激甚災害法	自治体（都道府県・市町村）	被害が甚大な災害における国の費用負担の拡大
被災者生活再建支援法、災害弔慰金支給法	被災者	被災者に対する金銭的支援
東日本大震災復興基本法・復興庁設置法	被災者・被災地	東日本大震災（東北地方太平洋沖地震）および東京電力福島第一原子力発電所爆発事故被災者に対する復興支援

出典：内閣府HP、2012年に一部加筆。

し、災害ボランティアをした児童生徒を進学や就職試験の選考時に評価したり、進学資金や就職支度金、結婚資金、住宅資金などとして報奨金を給付したりしている。

また、市町村社協は市町村と連携し、ボランティア・市民センター、またはボランティアセンターを設置し、住民のボランティア活動への登録の受付やボランティアコーディネーターの養成講座を通じ、被災地での炊き出しや瓦礫の撤去、安否確認、ふれあい・いきいきサロンの設置・運営、ソーシャルメディアによる情報発信、義援金集めに協力するボランティア活動への参加を呼びかけている。また、ＮＰＯ法人や企業など民間事業者のなかには独自にスタッフや従業員が休暇を利用し、被災地での炊き出しや瓦礫の撤去、避難生活の支援、要援護者（要配慮者）などの医療・介護に協力するなど支援に乗り出しつつある。

現に、総務省統計局の「社会生活基本調査」によると、２０１０（平成22）年10月から翌２０１１（平成23）年10月までの間、被災地などでボランティアに関わった国民は延べ約４３１万７０００人と、５年前の２００６（平成18）年の１３２万人に比べ、約３倍に急増している[5]（写真５―２）。

しかし、政府の災害対策は「想定外」などといった言葉に象徴されるように、総じて後手に回っているばかりか、国土強靭《きょうじん》化《か》の名のもと、被災地と関係のない地域での道路の拡幅や改修工事を実施するなど、相も変わらず政官財の癒着《ゆちゃく》による土建型公共事業を継続したり、２０２

写真5-2　被災地でボランティアに取り組むサラリーマンや学生
（東日本大震災の被災地・仙台市郊外にて）

０（平成32）年の東京五輪の開催のための建設工事の方に力を入れたりしている。また、多くの自治体も地方自治といいながら、いまだに政府の指導待ちといったところが少なくなく、公助は決して十分とはいえない。

一方、国民・住民も過去の災害を教訓とした食料や飲料水の備蓄、預金通帳や保険証などの非常用持ち出し袋、携帯ラジオ、簡易トイレの常備、住宅の耐震化、高台への移転など平常時の備えや自主防災会の組織化、防災訓練への参加など、自助や互助もまだまだ不十分である。また、災害時、ＮＰＯ法人や企業など民間事業者が事業所を被災者の避難所として開放したり、炊き出しを行ったりするなどの共助もほとんど皆無で、現代でいえば、浅間山の「天明の大噴火」被災地復興に関わる近隣の名主は被災地の近隣の市町村長、藩は都道府県、幕府は政府に当たるが、このような関係者の共助や公助もきわめて不十分で、公助、自助、互助、共助からなるベストミックスの地域福祉による災害対策は約230年前の江戸時代の人々と比べ、一部とはいえ、「政治とカネ」まみれの政治家やお役所仕事、国民・住民のエゴイズム、企業のモラルハザードなどの問題を考えれば、かなり見劣りするといわざるを得ない。

2　災害対策と社会保障および社会福祉

(1)　災害対策と社会保障

次に、災害対策と社会保障および社会福祉について考えてみたい。

まず、災害対策と社会保障の関係だが、周知のように、社会保障は日本国憲法第25条第1項に規定した国民の生存権を保障すべく、同法第2項で政府および自治体に対し、その社会保障的義務を明示し、国民・住民の納めた租税と社会保険料を財源に所得の再分配により、必要な制度・政策を講ずることになっている。もっとも、その概念および範囲は社会保険、公的扶助、社会福祉、公衆衛生および医療、老人保健・医療、戦争犠牲者援護、住宅対策、雇用対策とされているため、災害対策は「蚊帳《かや》の外」に置かれたまま、戦後70年が経過している。

具体的には、社会保障は、社会保障制度審議会（現社会保障審議会）が１９５０（昭和25）年に出した「社会保障制度に関する勧告（50年勧告）」に示された概念にもとづき、社会保険[6]や公的扶助、社会福祉、公衆衛生、老人保健・医療、戦争犠牲者援護、関連制度からなる最広義の立場に立ち、必要な制度・政策の拡充が図られているものの、災害対策の文言はまったくない。

しかし、災害対策は国民の生存権に関わる日々の安全・安心の確保のために欠かせない制度・政策である。このため、災害対策は地震や津波などの災害はもとより、活火山の噴火や原発事故も社会保障の概念および範囲に加え、国民の生存権を保障すべく〈災害保障〉として位置づけるべきである。

(2) 災害対策と社会福祉

一方、災害対策と社会福祉の関係では、災害対策は国民の生存権に関わる日々の安全・安心の確保上、欠かせない制度・政策である。このため、社会保障の一部である社会福祉を〈災害福祉〉として位置づけ、高齢者や障害者、児童、妊婦などすべての災害時要援護者（要配慮者）について、平常時はもとより、災害時においても社会福祉の対象者とすべきである。併せて、過去の災害を教訓とした災害対策を講ずべく、その原因や責任の所在および追及、被災者の補償や雇用による生活再建、さらには再発防止のため、国土形成計画や地域防災計画の総点検、防災教育の徹底を図り、防災福祉コミュニティの形成に努めるべきである（図表5―3）。

もとより、国民・住民も平常時より防災に努める一方、被災地でボランティア活動に参加、協力する。また、NPO法人や企業など民間事業者、とりわけ、病院や福祉施設は福祉避難所としての場の提供や食料・飲料水の備蓄、配給など、平常時より自治体との広域的な災害時相互応援協定の締結を通じ、政府および自治体と連携し、自助や互助、共助に努めることが求められる。

具体的には、国民・住民は平常時から食料・飲料水の備蓄や懐中電灯、携帯ラジオ、簡易トイレなど防災用品の常備、預金通帳や被保険者証（保険証）などの非常用持ち出し袋、危険個所や避難所、避難経路の確認など自助に努める一方、地域の高齢者や障害者、児童など災害時要援護者（要配慮者）の見守りや安否確認に努め、その〝きずな〟を強める。

また、市町村の地域防災計画の改定に参画したり、高齢者や障害者、児童、妊婦など災害時要援護者（要配慮者）台帳の作成、防災訓練への参加を通じ、家族・住民との互助、さらには被災地におけるボランティア活動に参加し、共助に努めることが必要である。その意味で、限られた財源を災害対策や社会保障および社会福祉に優先的に配分し、だれでも住み慣れた地域で生存権が保障され、いつまでも健康で安全・安心な防災福祉コミュニティを形成することが必要である。

それはまた、約230年も経った現在も遺体の捜索が行われず、地中に放置されたままの浅間山大噴火の犠牲者の、われわれ現代人への遺訓であり、生存者個人の自助や家族・領民の互助、

図表5-3　これからの災害対策と社会保障および社会福祉の関係

現行

社会保障＞社会福祉

社会保障	社会保険（年金、医療、労災、雇用、介護） 公的扶助（生活保護） 社会福祉（高齢者、障害者、児童等） 公衆衛生・医療 老人保健・医療（前期・後期高齢者医療制度） 恩給 戦争犠牲者援護 住宅対策 雇用対策

今後

社会福祉＞社会保障

社会福祉〈広義〉	社会保障	社会保険（年金、医療、労災、雇用、介護） 公的扶助（生活保護） 公衆衛生・医療 老人保健・医療（前期・後期高齢者医療制度） 戦争犠牲者援護 住宅対策 雇用対策 環境対策 災害対策
	社会福祉〈狭義〉	地域福祉（高齢者、障害者、児童等） その他福祉（福祉産業、産業福祉、住環境、情報、司法、教育、災害） 国際社会福祉

出典：拙著『社会福祉普遍化への視座』ミネルヴァ書房、2004年、p.23。

近隣の名主の共助、藩および幕府の公助に学ぶべき教訓である。

（3）防災福祉コミュニティ形成の地平

最後に、この浅間山大噴火被災地の復興を教訓に、公助、自助、互助、共助からなるベストミックスの地域福祉による防災福祉コミュニティをどのように形成すべきかだが、そのためには地域福祉と地域防災を融合させることが必要である。すなわち、市町村の地域福祉計画と地域防災計画、さらには市町村社協の地域福祉活動計画を精査し、次期改定の際、一体的に策定し、限られた人材や施設、財源を災害対策や社会保障および社会福祉に優先的に配分し、だれでも住み慣れた地域で生存権が保障され、いつまでも健康で安全・安心な防災福祉コミュニティを形成することである。

そこで、政府および自治体は公助としての災害対策を社会保障および社会福祉とともに最優先課題としてとらえる一方、国民・住民はもとより、ＮＰＯ法人や企業など民間事業者も地域で自助や互助、また、被災地におけるボランティア活動に参加するなど、共助として取り組むことが求められる。

具体的には、まず地域福祉とは住民や当該地域に通勤・通学する準住民が市民として、また、主権者として自覚し、地方自治を団体自治と構成する市民自治・主権にもとづき、だれでも住み慣れた地域でいつまでも健康で安全・安心な生活が確保できるよう、行政と住民など関係者が公私協働で取り組む制度・政策および事業・活動で、高齢者福祉、障害者福祉、児童福祉などの社会福祉を地域化するものである。歴史的には社協の事業・活動が先行してきたが、2000（平成12）年、社会福祉事業法が社会福祉法に改正・改称し、市町村は老人福祉計画や介護保険事業計画、障害（者）福祉計画、次世代育成計画などを統合する形で地域福祉計画を策定するとともに、市町村社協の地域福祉活動計画と連携することが重要になっている。

この市町村社協の地域福祉活動計画も、やはり住民や準住民も含む市民が市民自治・主権にもとづき、だれでも住み慣れた地域でいつまでも健康で安全・安心な生活を確保するため、民間ならではの創意工夫によって取り組む事業・活動で、高齢者や障害者、児童、妊婦などの安否確認や配食サービス、ふれあい・いきいきサロンなどに取り組んでいるが、なかには防災や防犯に努めているところもある（図表5－4）(7)。

一方、市町村地域防災計画は政府の災害対策基本法にもとづき、都道府県および市町村がそれぞれの防災会議に諮ったうえ、住民の震災や風水害など当該地域に応じ、災害応急対策や災害復旧、復興について策定するものだが、〈災害保障〉および〈災害福祉〉を実体化するためにはこれらの計画の連動、または一体化が重要である。また、それぞれの市町村の過去の災害や今後の災害の発生の危険性に応じ、その防災体制の組織と運営や防災知識の普及啓発、食料の備蓄、防

図表5-4　地域福祉計画と地域福祉活動計画の関係

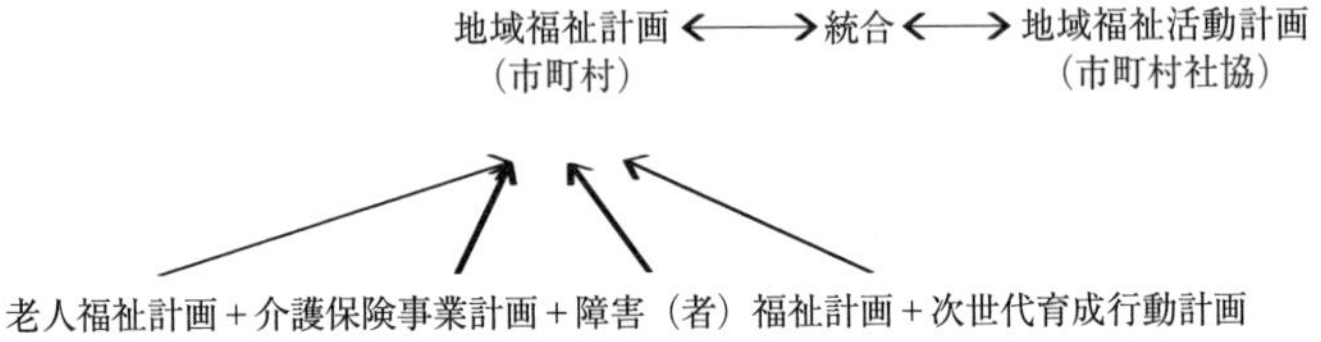

出典：筆者作成。

災施設等の整備、災害発生危険個所、情報連絡体制、避難・救護対策、緊急輸送対策などを講ずることになっている。そこに、だれでも住み慣れた地域で生存権が保障され、いつまでも健康で安全・安心な防災福祉コミュニティを形成する意義がある（図表5—5）。

そこで、国民・住民が主体となり、当該地域のグランドデザイン（将来像）を市町村および市町村社協と合意形成を図り、かつ自治力を発揮し、現行の地域福祉計画、地域福祉活動計画および地域防災計画の連携、または一体的な策定に向け、必要な情報を住民集会やワークショップ、ワールドカフェなどで共有する。すなわち、住宅や施設、インフラの指定・造成・整備の際、建設候補地の地勢や活断層、過去の災害の有無をあらかじめ綿密に調査し、職住近接、あるいは職住分離のいずれかがベターなのか、都市計画における政策誘導の適否を判断するため、〈災害福祉〉をキーワードに、政府および都道府県の主導のもと、市民自治・主権にもとづき、市町村および市町村社協はもとより、ＮＰＯ法人

図表5-5　市町村地域防災計画

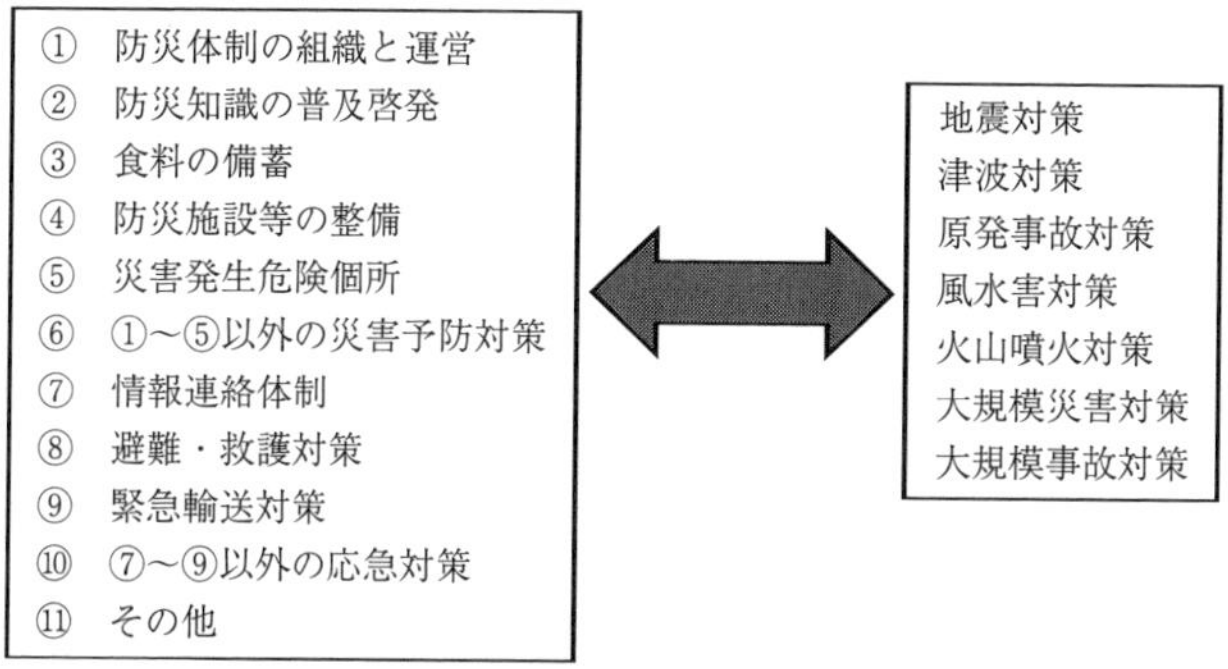

出典：内閣府HP、2016年より作成。

や企業など民間事業者との公私協働により、基本構想としての総合計画や地域福祉計画、地域防災計画を精査し、次期改定の際、地域福祉活動計画と一体的に策定し、住民の安全・安心を第一にした〝防災福祉計画〟というべき地域福祉計画、地域福祉活動計画、および地域防災計画を推進していくことである。

その際、ポイントとなるのは市町村の地域福祉計画と地域福祉活動計画、すなわち、中学校通学区域や小学校通学区域単位に設置する地区社協や地域包括支援センター、さらには町内会や自治会、および地域防災計画、さらには地区防災計画のなかでの小地域というように地域を細分し、国民・住民にとって身近な小地域で、平常時の高齢者や障害者、児童、妊婦などを災害時要援護者（要配慮者）としてとらえ、地域福祉と地域防災を融合させて取り組むことである。そのためには、地域防災に理解のあるコミュニティソーシャルワーカー（社会福祉士）をそれぞれの小地域に常置することが重要である。

また、国民・住民も食料の備蓄や懐中電灯、携帯ラジオなど防災用品の常備、預金通帳や保険証などの非常用持ち出し袋、危険個所の確認など自助に努める。さらに、自宅の耐震化・免震化・制震化・バリアフリー化、集落の高台への集団移転、地域の高齢者や障害者、児童、妊婦などを対象とした災害時要援護者（要配慮者）台帳の作成を通じ、見守りや安否確認など互助に努める。同時に、姉妹都市や近隣の市町村と災害時相互応援協定を結び、ボランティアの受け入れ態勢を整備したり、広域避難に備えたりする。

このほか、避難所や避難経路の確認、防災訓練への参加、さらに被災地におけるボランティアとして共助に努めることも必要である。そして、万一、地震や津波、火山災害、原発事故などに見舞われた際、自分の命と安全を最優先して避難し、余裕があれば家族や知人、友人など住民を救済し、安全な場所に避難し、救援を待つ。また、ＮＰＯ法人や企業など民間事業者も可能な限り被災者の支援に協力する。

幸い、被災しなかった場合、被災地におけるボランティア活動に参加し、少しでも被害の規模が最小限に食い止めるよう、「減災」に努める。そして、市町村および市町村社協と協働し、「Plan-Do-See（Check）」理論にもとづき、災害の原因と結果についてこれらの計画を評価、検証

図表5-6　防災福祉コミュニティ形成の地平

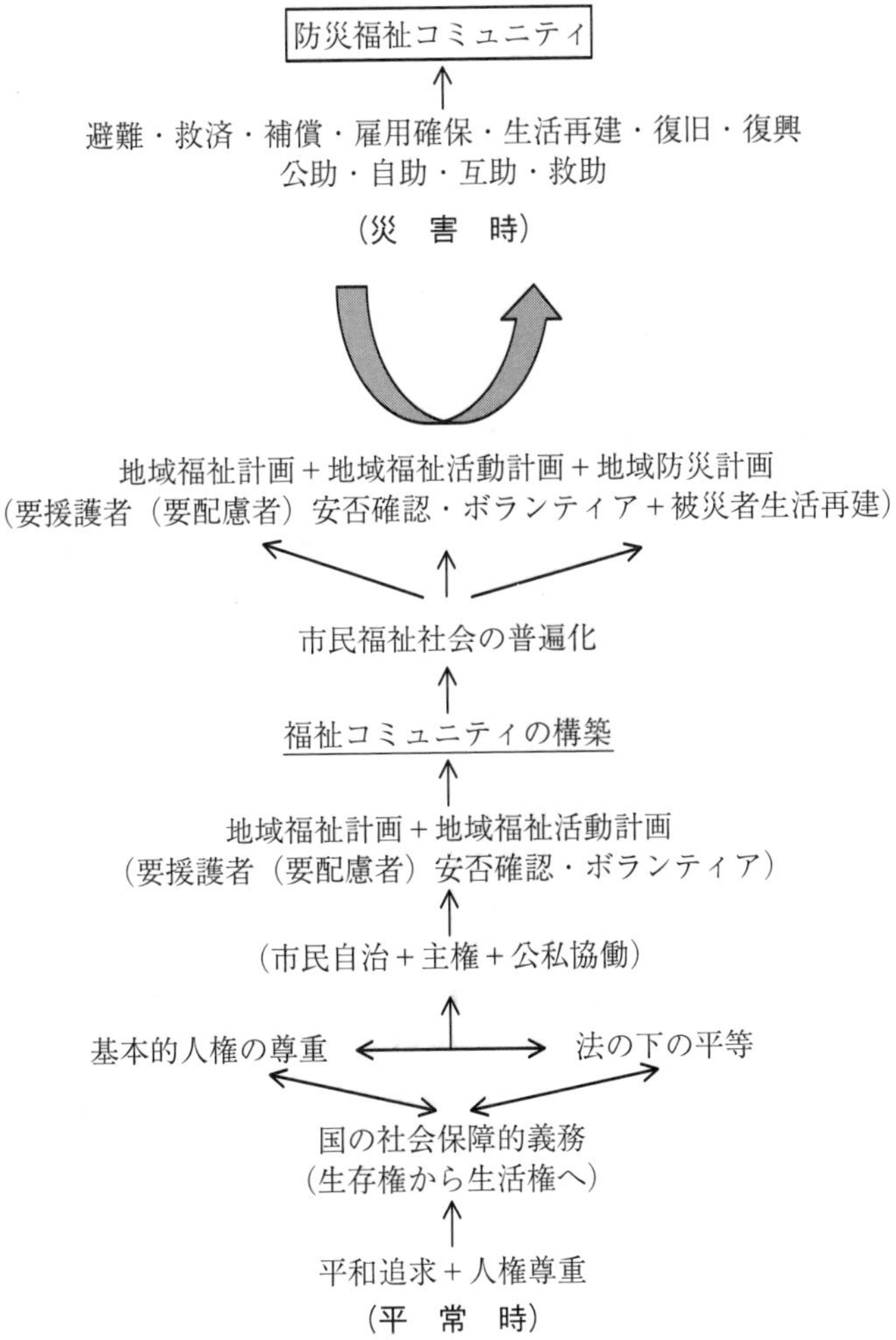

出典：前出『地域福祉とソーシャルガバナンス』p.152を改変。

し、新たな課題が生じた場合、その課題を解決し、再発防止に努めるべく計画を練り直す(8)。そして、ノーマライゼーションの理念にもとづき、生存権から生活権の保障へと止揚するとともに市民福祉社会へと普遍化し、GDP世界第三位の経済大国にふさわしい防災福祉コミュニティを形成すべきである(9)。そこに防災福祉コミュニティの形成の意義がある（図表5―6）。

3　防災福祉コミュニティ形成のために

(1) 平和の追求と人権の尊重

では、政府および自治体の公助としての災害対策をはじめ、国民・住民個人の自助や家族・住民の互助、ボランティアやNPO法人、企業など民間事業者の共助からなるベストミックスの地域福祉による防災福祉コミュニティを形成するためには、どのような課題があるのであろうか。

そのまず第一は平和の追求と人権の尊重である。それというのも、日本国憲法の前文でこう定めているからである。

「(中略) 日本国民は、恒久の平和を念願し、人間相互の関係を支配する崇高な理想を深く自覚するのであつて、平和を愛する諸国民の公正と信義に信頼して、われらの安全と生存を保持しようと決意した。われらは、平和を維持し、専制と隷従、圧迫と偏狭を地上から永遠に除去しようと努めてゐる国際社会において、名誉ある地位を占めたいと思ふ。われらは、全世界の国民が、ひとしく恐怖と欠乏から免かれ、平和のうちに生存する権利を有することを確認する。」

また、第3回国連総会は1948年、第二次世界大戦の反省を踏まえ、次のような「世界人権宣言」を採択している。

「人類社会のすべての構成員の固有の尊厳と平等で守ることのできない権利を承認することは世界における自由、正義および平和の基礎である。このため、人権の無視や軽侮が人類の良心を踏みにじった野蛮行為をもたらし、言論や信仰の自由が受けられ、恐怖や欠乏のない世界の到来が一般の人々の最高の願望として宣言された。

したがって、人間が専制と圧迫に対する最後の手段として反逆に訴えることがないようにするには法の支配によって人権を擁護することが重要であるため、諸国間の友好関係の発展を促進することが肝要である。また、国際連合の諸国民は『国際連合憲章』において基本的人権、人間の尊厳および価値ならびに男女の同権についての信念を再確認し、かつ一層大きな自由のうちで社会的進歩と生活水準の向上とを促進することを決意したため、加盟国は国際連合と協力し、人権および基本的自由の普遍的な尊重及び遵守の促進を達成することを誓約した。このため、これらの権利及び自由に対する共通の理解は、この誓約を完全にするためにもっとも重要である(10)。（以下、略）」

その意味で、防災福祉コミュニティを形成するうえでも、このような平和の追求と人権の尊重が大前提になるため、重要な課題であることは論を待たない。

（2）防災福祉文化の醸成

第二は防災福祉文化の醸成である。それというのも、公助、自助、互助、共助からなるベストミックスの地域福祉による防災福祉コミュニティの形成のためには、過去の災害を検証し、それを教訓として再発防止に努め、かつその持続可能な発展をめざすべく、国民・住民一人ひとりが市民自治・主権にもとづく公私協働により、防災福祉文化を醸成することが基底だからである。

しかし、現実は明治、昭和、そして、平成と三度にわたって起きた三陸（沖）地震および津波による災害にみられるように、同じような災害を各地で繰り返して受けているにもかかわらず、多くの国民・住民はその貴重な体験を時代の流れとともに忘れ、風化しつつある。

事実、地域によっては過去の災害の記念碑や遺訓の碑が保存されていたり、危険個所は古地図や地名、自治体の名称にその名が残されているものの、明治、昭和、平成と続く市町村合併や都市計画による町名変更などにより、これらの地名、自治体の名称が影をひそめ、後世の住民に災害への備えを脆弱化させているところが少なくない。

「これより高台に住め」――。

明治三陸（沖）地震の際、大きな犠牲を出した岩手県宮古市田老《たろう》など、当時、生き残った被災地の人々による警告の石碑が各地に残されているが、今回の東日本大震災ではそれも生かされなかった。その意味で、政府および自治体の国民・住民に対する防災教育の充実のための責任はきわめて大きいものがある。

しかし、それだけでなく、国民・住民一人ひとりもこのような先人たちの悲惨な体験を常に振り返り、かつ遺訓として受け止め、平常時から防災意識を持ち、その備えの重要性と危険性を十分受け止め、後世に引き継ぐ使命を持っていることを肝に銘ずべきである。そして、過去の被災地はもとより、活断層の周辺や低地、埋立地、盛り土、海岸線、活火山周辺に住宅を再建築して居住したりせず、自治体が啓発している耐震診断の受診をはじめ、火山防災マップに紹介された危険個所や避難所、避難経路の確認、高齢者や障害者、児童、妊婦などを対象とした災害時要援護者（要配慮者）台帳の作成、自主防災会の組織化、防災訓練への参加に積極的に参加し、防災福祉文化を醸成したい。

もちろん、家族を亡くした遺族のなかには悲しみのあまり、その遺構の解体を臨む向きもある。また、遺族にしてみれば、また、当事者となればだれもがそのような心境にならざるを得ない。しかし、再発防止を後世に伝えるためにも、そこは酷だが、その保存に理解と協力を示したい。もとより、NPO法人や企業など民間事業者も利潤追求の事業活動だけでなく、企業市民としての社会貢献活動を通じ、少しでも「減災」につながるよう、災害対策に理解と協力をしたいものである。

「賢者は歴史に学び、愚者は経験に学ぶ」。「天災は忘れた頃にやって来る」――。

前者はドイツの鉄血宰相《さいしょう》・ビスマルク、後者は地球物理学者・寺田寅彦、あるいはその弟子の吉村冬彦が残した言葉といわれているが、このような先人たちが残した格言は今も現代のわれわれの琴線《きんせん》に触れる。これこそまさに防災福祉文化の醸成の神髄である。

（3）社会福祉の普遍化

第三は社会福祉の普遍化である。それというのも、防災福祉コミュニティを形成するためには文化化、情報化、総合化、地域化、国際化による社会福祉の普遍化が必要だからである。それはまた、少子高齢社会および人口減少が本格化する２０４０～２０５０（平成52～62）年を見据えた広義の社会福祉の視座でもあるからである。

具体的には、文化化とは、社会福祉に関わるさまざまな問題や課題の解決にあたり、個々の国民・住民やＮＰＯ法人、企業など民間事業者が地域における社会資源として福祉参加・活動や社会貢献活動を通じ、政府および自治体と協働していくことである。すなわち、国民・住民も従来のように政府および自治体に対し、「してもらう福祉」、あるいは「させる福祉」を主張したり、要求したりするだけでなく、社会資源として自立するとともに連帯し、「参加する福祉」、あるいは「協力する福祉」に努めることが必要である。

第二の情報化は、公私を問わず、ＮＰＯ法人や企業など民間事業者がそれぞれの立場で社会福祉に関わる情報を交換、共有し、活用することによって利用者やその家族の福祉ニーズを充足し、かつ充実する一方、人間の尊厳のもと、防災福祉コミュニティを地域全体で形成していくことである。そのためには国民・住民はもとより、ＮＰＯ法人や企業など民間事業者が公私協動によって共生していくことが必要である。

第三の総合化は、社会福祉に関わる制度・政策の総合化を図ることである。なぜなら、社会福祉はノーマライゼーションの理念にもとづくインテグレーション、すなわち、年金、医療、介護、子育て、さらには災害対策や社会保障および社会福祉全般にわたる総合的な施策の連携が必要だからである。

第四の地域化は、社会福祉を実践していくうえで地域特性を重視し、地域福祉として計画的に推進していくことである。

そして、最後に第五の国際化は、日本のみ平和・福祉国家として国を再生すべく、社会福祉の普遍化を図るだけでなく、その意義を国際社会にも発信し、スイスやキューバ、アメリカなど防災先進国の災害対策に学び、国際的な防災戦略に参加、貢献し、「福祉世界」の構築に国際貢献すべきである。

いずれにしても、このような文化化、情報化、総合化、地域化、国際化の五つの視座は国家統治としての福祉国家から国民協治としての福祉社会、さらには市民福祉社会へ、そして、それは戦争国家から福祉国家、さらには平和・福祉国家としての日本の再生、また、国際社会における「福祉世界」化をめざすうえで必要不可欠な視座である（図表5―7）。

（4）〝縦割り行政〟の是正

第四は〝縦割り行政〟の是正である。それというのも、防災福祉コミュニティを形成するためには、上述した総合化、すなわち、社会福祉に関わる制度・政策の総合化を図るべく、国民・住

図表5-7　社会福祉普遍化の視点

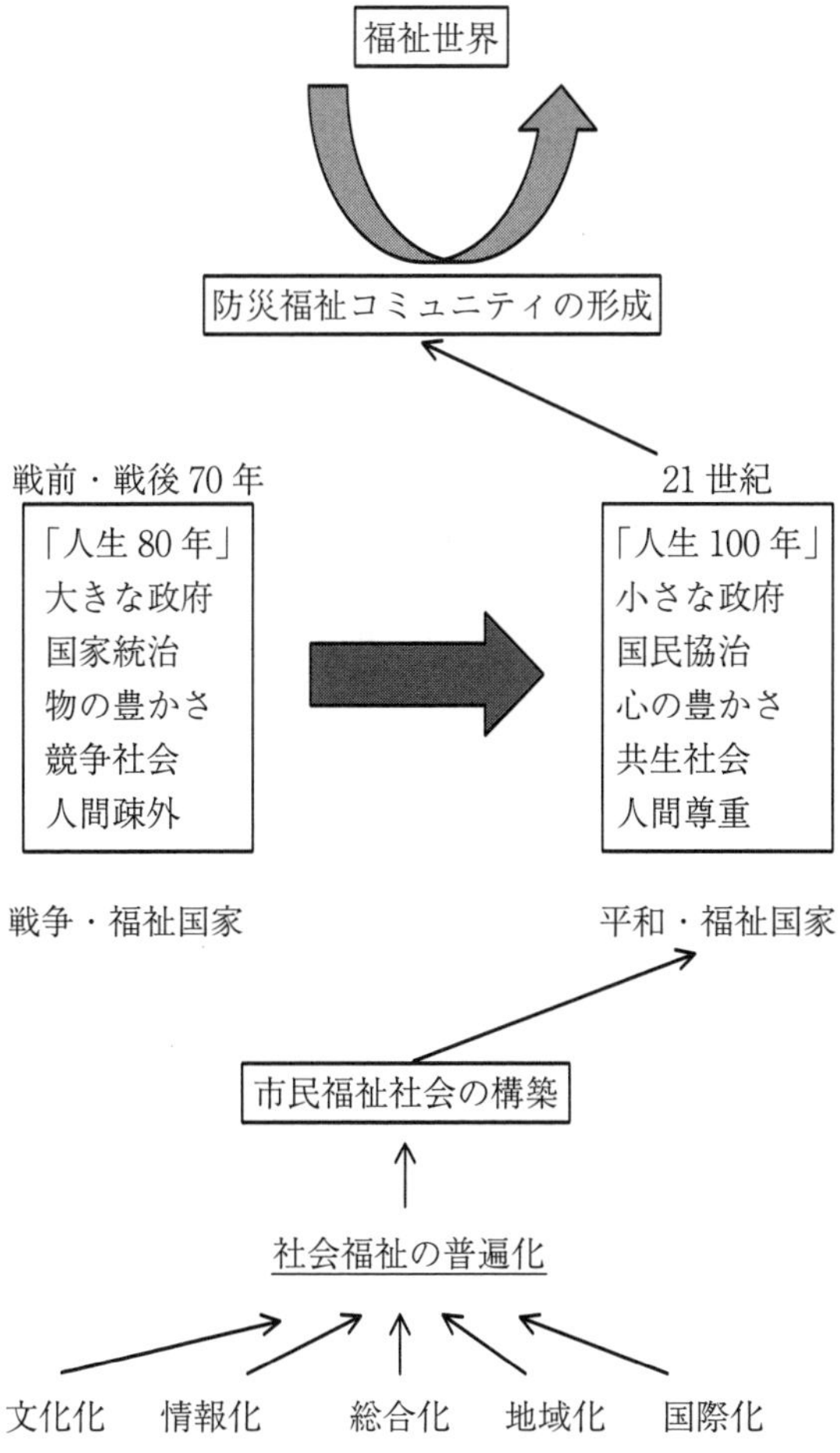

出典：前出『社会福祉普遍化への視点』p.4を改変。

民の福祉ニーズに対し、従来の〝縦割り行政〟を横割りに是正し、限られた人材や財源を有効、かつ適切に利活用すべくネットワーク化を図り、だれでも住み慣れた地域でいつまでも健康で安全・安心な生活の確保に努め、社会的に包摂されることが必要だからである。

しかし、現状は災害対策は内閣府や自治省、国土交通省、消防庁、警察庁、社会保障および社会福祉は厚生労働省などというように〝縦割り行政〟で、官僚主導のトップダウンによる補助金行政、および〝3割自治〟である。しかも、被災地の要望を十分反映せず、被災者の補償や雇用の確保など生活再建や被災地の生活道路、公共交通機関などのインフラ整備よりも新幹線や高速道路、港湾など、政官財の癒着による土建型公共事業型の復興事業の方が優先されているのが実態である。

また、災害対策の後手ぶりにみられる危機管理の希薄や関係業界の思惑を意識した防災計画や原発事故への対応も問題である。加えて、関係学界もややもするとタコツボ的なため、原発事故に象徴されるように学際的な見解を表明し得ず、結果として関係業界の利益の誘導におもねる傾向にある。

そこで、このような現状を改め、国民・住民一人ひとりが都市部、地方のいずれの居住地を問わず、だれでも日本国憲法で定めている国民の基本的人権の享有、個人の尊重と幸福の追求権(11)、および法の下の平等(12)を保障すべく、〝縦割り行政〟を横割りに是正すべきだが、中長期的には集権国家を分権国家に転換し、被災者や被災地の実情を最優先した政治改革が必要である。

(5) 自立と連帯

そして、最後の第五は自立と連帯である。それというのも、防災福祉コミュニティを形成するためには、国民・住民は政府および自治体の公助としての災害対策に依存するだけでなく、まずは一人ひとりが自分の命と財産は自助、および家族や住民との互助に努め、自立することが先決だからである。すなわち、防災用品のほか、最低1週間分の衣食住やテント、簡易トイレなどを常備するほか、防災マップで避難所を確認したり、家族の連絡場所を設定しておくことである。

このようななか、被災地の一つ、岩手県釜石市では津波により、死者・行方不明者計約1000人以上を出したが、市内の小・中学校の児童生徒計2926人のうち、その日、たまたま学校を休んでいた5人を除く2921人全員が学校裏手の近くの高台の里山に避難し、無事だった。その臨機応変な行動は「釜石の奇跡」として全国に知られたが、その背景には同県民は災害時、たとえ家族や友人、知人がバラバラになり、安否が不明であってもまずは自分の命を第一に、てんでんバラバラに避難する「津波てんでんこ」という行動規範にもとづき、平常時から学校で防災教育や防災訓練を積み重ねていたからだったが、これこそまさに自助の模範である。

また、自分や家族だけが難を逃れればよいのではなく、友人や知人など近隣の住民安否も気遣い、食料の炊き出しや瓦礫の撤去、高齢者や障害者、児童、妊婦などの保護・介助、各種手続きの代行などの互助に努めるほか、他の地域の被災者に対し、食料の炊き出しや瓦礫の撤去、自治体や社協のボランティアセンターの運営の協力、義援金や支援金の送金などさまざまなボランティア活動を通じ、社会連帯して共助や公助への理解と協力も必要である。このため、地域で市町村および市町村社協の地域福祉（活動）計画や地域防災計画に参画したり、公民館や図書館などが開催する防災に関わる学習会に参加したりして防災福祉文化を醸成することが必要である。

ただし、近年、少子高齢社会や人口減少、国民・住民のライフスタイルの多様化、価値観、さらには各種利権利害の違いに伴い、自治会や町内会はもとより、消防団などの役員のなり手が少なくなりつつあり(13)、平常時の高齢者や障害者、児童、妊婦など災害時要援護者（要配慮者）の安否確認はもとより、災害時の救援や復旧、自助や互助に限界を招いているところもあるが、阪神・淡路大震災を機に災害ボランティア活動が活発化している。

それだけに、浅間山大噴火被災地の復興にみられるように、公助、自助、互助、共助からなるベストミックスの地域福祉による防災福祉コミュニティの形成が今、国民・住民一人ひとりに問われている。言い換えれば、ややもすれば行政依存およびお任せ民主主義である現状に対し、国民・住民一人ひとりが自立と同時に連帯し、参加型民主主義により、国家統治のソーシャルガバメントから国民協治のソーシャルガバナンスに転換できるかどうかが、今、問われているのであ

写真5−3　被災者に対する傾聴ボランティアも防災福祉コミュニティ形成へのスタート
（仙台市郊外の東日本大震災の津波被災者宅にて）

る(14)。

かくいう筆者も東日本大震災の翌２０１２（平成24）年、夏休みに現地のボランティア活動の事務所に2泊3日滞在し、毎朝、学生数人をマイクロバスに乗せて津波の被災地を訪れ、海水や瓦礫に埋没した水田をスコップで起こしたり、会食を通じ、悲しみにくれる遺族の傾聴ボランティアに努める一方（写真5―3）、政府が特別発行した復興債を３００万円購入した。また、被災者の要望が多い買い物袋を都下の近隣の住民有志とともに寄せ集め、現地に送っているが、このようなささやかなボランティア活動は今後も続けていきたいと思っている。

【注】

（1）2014（平成26）年、「火山観測体制等に関する検討会」による「御嶽山の噴火災害を踏まえた活火山の観測体制の強化に関する緊急提言」により3火山が追加され、2016（平成28）年9月現在、計50。

（2）地震の規模。アメリカの地震学者、チャールズ・F・リヒターが1935年に定義づけて以来、使用されているが、過去の地震でもデータ不足で不明な場合もある。

（3）気象庁が活動火山対策特別措置法にもとづき、発表する指標。1（火山であることへの留意）、2（火口周辺規制）、3（入山規制）、4（避難準備）、5（避難）の5段階からなる。

（4）株式会社「ジェー・シー・オー」の略。住友金属鉱山の子会社。

（5）総務省HP「災害ボランティア活動を行った人の状況」2015年。

（6）年金保険、医療保険、雇用保険、労働者災害補償保険（労災保険）、介護保険の総称で、生命保険や損害保険などの民間保険と対峙する公的保険。

（7）前出『地域福祉とソーシャルガバナンス』p.170。

（8）前出『地域福祉とソーシャルガバナンス』p.186。

（9）前出『社会福祉普遍化への視座』。

（10）「国際連合憲章」および「世界人権宣言」とも日本政府の外務省による邦訳を筆者がよりわかりやすくしたもので、公式の訳文ではない。

（11）第13条「すべての国民は、個人として尊重される。生命、自由及び幸福追求に対する国民の権利については、公共の福祉に反しない限り、立法その他の国政の上で、最大の尊重を必要とする。」

（12）第14条第1項「すべて国民は、法の下に平等であって、人種、信条、性別、社会的身分又は門地により政治的、経済的又は社会的関係において差別されない。」

(13) 2013年5月28日付「朝日新聞」によると、1950年代、200万人いた消防団員は現在、87万4000人に急減している。

(14) 前出『地域福祉とソーシャルガバナンス』。

おわりに

地域福祉の源流は、明治期の篤志家や宗教家、社会事業家などによる慈善事業やセツルメント運動、社会事業ではなく、浅間山「天明の大噴火」被災地の復興における藩および幕府の公助、生存者個人の自助や家族・領民の互助、近隣の名主の共助があった江戸時代にあった――。

そう実感したのは、筆者が偶然にも被災地に近い軽井沢に山荘を建て、夏休みなどで長期滞在して周辺を訪ねた結果、近くの浅間山「天明の大噴火」の被災地、群馬県嬬恋村鎌原の鎌原観音堂に立ち寄ったことがきっかけだった。今から約30年前のことである。

以来、毎年、地元の同村や隣の長野県軽井沢町の役場、図書館、資料館、さらには当時の生存者の子孫へのヒアリングなどの調査に努めた。本書はその研究成果を踏まえ、関係者の公助、自助、互助、共助を教訓とした防災福祉コミュニティを形成すべく提言したものである。

ただし、地域福祉の概念についてはいまだに諸説があるうえ、地域福祉は公助の有無にかかわらず、国民・住民個人の自助や家族・住民の互助によって取り組むべきであるとの意見があることも承知している。まして、その源流を探るとなると、単なる伝説や逸話、伝聞、関係者が残した史料、遺跡などだけでは裏付けられない。

それだけに、今回の調査には膨大な時間を要したが、幸い、町民文化が根づいた江戸中期とあって、浅間山「天明の大噴火」被災地の復興に関係する文献や史料、史跡、先行研究には不自由しなかったが、社会保障および社会福祉の視点からの先行研究は皆無である。このため、一連の文献や史料を収集する一方、生存者の子孫や縁者の過去帖や墓所を調査したり、インタビューしたりして検証する方法をとった。

それだけではない。海外の調査では欧米はもとより、オセアニアやアジアにも渡り、地域福祉の源流について、近世以前にその真実があるのかどうか、可能な限り追究したが、時間的な制約もあって決して十分とは言い切れないため、今後も内外の調査は続けていきたい。

ともあれ、地域福祉は国民の生存権を保障すべく、政府および自治体による公助をベースとしなければ、国民・住民個人の自助や家族・住民の互助、ボランティアやＮＰＯ法人、企業など民間事業者の共助による持続可能な市民福祉社会などあり得ないことは明らかである。まして防災福祉コミュニティの形成ともなればなおさらである。

その意味で、浅間山「天明の大噴火」被災地の復興を教訓に、現代人のわれわれも平常時から家庭や学校、地域、職場で防災教育や防災用品の準備、食料や飲料水の備蓄、防災訓練、広域防災体制の整備など自主防災に努め、公助、自助、互助、共助からなるベストミックスの地域福祉による持続可能な防災福祉コミュニティを形成することが喫緊の課題である。

なお、第４章は拙稿「浅間山大噴火被災地再生に対する社会保障および社会福祉的考察」（『武蔵野大学人間科学研究所年報』第４号、２０１５年）を大幅に加筆し、書き下ろしたものであることを書き添えておく。

川村　匡由

２０１６（平成28）年中秋

参考文献

1　三浦文夫・右田紀久恵・大橋謙策編著『地域福祉の源流と創造』中央法規出版、2003年。
2　右田紀久恵『自治型地域福祉の理論（社会福祉研究選書2）』ミネルヴァ書房、2005年。
3　南雲栄治「浅間火山北麓における鎌原村の歴史地理学的研究」『歴史地理学紀要』23、1981年。
4　建設省利根川水系砂防工事事務所『利根川の直轄砂防50年のあゆみ』1991年。
5　大浦瑞代「災害絵図の表現と特質 ―天明浅間山噴火災害絵図の事例から―」『お茶の水地理』49、2008年。
6　三枝恭代、早川由紀夫「嬬恋村鎌原における天明三年（1783年）浅間山噴火犠牲者供養の現状と住民の心理」『歴史地震』17、2001年。
7　渡辺尚志『古文書からわかる被害の状況と復興の努力』地震予知総合研究振興会 地震調査研究センター、2007年。
8　群馬県火山防災対策連絡協議会『火山噴火（爆発）防災計画（平成24年版）』群馬県火山防　災対策連絡協議会、2012年。
9　萩原進『浅間山天明噴火史料集成Ⅰ』群馬県文化事業振興会、1985年。
10　萩原進『浅間山天明噴火史料集成Ⅱ』群馬県文化事業振興会、1986年。
11　萩原進『浅間山天明噴火史料集成Ⅲ』群馬県文化事業振興会、1989年。
12　萩原進『浅間山天明噴火史料集成Ⅳ』群馬県文化事業振興会、1993年。

13 萩原進『浅間山天明噴火史料集成Ⅴ』群馬県文化事業振興会、1995年。
14 坂田正顕「近世相馬中村藩の災害史における地域復興についての一考察―真宗移民と相馬仕法を事例に―」『エイジレスフォーラム（第13号）』シニア社会学会、2015年。
15 福永敬大「大規模火山災害への対策について～地方公共団体の視点から～」鹿児島県危機管理局危機管理防災課、2012年。
16 渡部喜智「災害関連法制の現状と課題 ―東日本大震災への適用と今後―」農林中金総合研究所、2011年。
17 佐藤靖「最近の風水害・雪害の特徴及び災害関係法制度の論点～被災者の視点での制度見直しの必要性～」『立法と調査』262、国土交通委員会調査室、2006年。
18 高橋有二『災害処理の原則と防災計画』救急医学、1991年。
19 萩原幸男編『災害の事典』朝倉書店、1992年。
20 荒川秀俊・宇佐見龍夫『災害』近藤出版社、1985年。
21 嬬恋村誌編集委員会編『嬬恋村誌（下巻）』1978年。
22 関西大学社会安全学部編『防災・減災のための社会安全学』ミネルヴァ書房、2014年。
23 内閣府編『防災白書（平成25年版）』2015年。
24 群馬県火山防災対策連絡会議「平成24年版 火山噴火（爆発）防災計画」2013年。
25 内閣府ＨＰ「これまでの首都直下地震対策について」2014年。
http://www.bousai.go.jp/jishin/syuto/taisaku_wg/1/pdf/1.pdf
26 国土交通省ＨＰ「防災情報のページ」2015年。

http://www.bousai.go.jp/
27　国土交通省関東地方整備局利根川水系砂防事務所ＨＰ、２０１５年。
http://www.ktr.mlit.go.jp/tonesui/
28　嬬恋村ＨＰ
http://www.vill.tsumagoi.gunma.jp/
29　長野原町ＨＰ
http://www.town.naganohara.gunma.jp/
30　軽井沢町ＨＰ
http://www.town.karuizawa.lg.jp/

■著者略歴

川村　匡由（かわむら　まさよし）

1999年、早稲田大学大学院人間科学研究科博士学位取得、博士（人間科学）。

現在、社会保障学者・武蔵野大学名誉教授、福祉デザイン研究所所長、地域サロン「ぷらっと」主宰、山岳紀行家。

主な著書

『21世紀の社会福祉（全21巻・編著）』『介護保険再点検』以上、ミネルヴァ書房、『地域福祉とソーシャルガバナンス』中央法規出版、『人生100年“超”サバイバル法』久美出版、『団塊世代の地域デビュー』みらい、『脱・限界集落はスイスに学べ』農文協ほか。

＊川村匡由のホームページ
http://www.geocities.jp/kawamura0515/

地域福祉源流の真実と防災福祉コミュニティ
――浅間山「天明の大噴火」被災地復興の教訓――

2016年12月25日　初版第1刷発行

■著　　者――川村匡由
■発 行 者――佐藤　守
■発 行 所――株式会社 大学教育出版
〒700-0953　岡山市南区西市855－4
電話（086）244-1268（代）　FAX（086）246-0294
■D　T　P――難波田見子
■印刷製本――モリモト印刷（株）

ISBN978－4－86429－417－1